福建工程学院法学院
Law School

福建工程学院知识产权系列丛书

# 企业商标管理研究

叶文庆　陈焕斌　著

厦门大学出版社　国家一级出版社
XIAMEN UNIVERSITY PRESS　全国百佳图书出版单位

图书在版编目(CIP)数据

企业商标管理研究/叶文庆,陈焕斌著.—厦门：厦门大学出版社,2020.8
(福建工程学院知识产权系列丛书)
ISBN 978-7-5615-7867-4

Ⅰ.①企… Ⅱ.①叶… ②陈… Ⅲ.①企业管理—商标管理—研究 Ⅳ.①F760.5

中国版本图书馆 CIP 数据核字(2020)第 158664 号

| | |
|---|---|
| 出 版 人 | 郑文礼 |
| 责任编辑 | 李 宁 |

| | |
|---|---|
| 出版发行 | 厦门大学出版社 |
| 社　　址 | 厦门市软件园二期望海路 39 号 |
| 邮政编码 | 361008 |
| 总　　机 | 0592-2181111　0592-2181406(传真) |
| 营销中心 | 0592-2184458　0592-2181365 |
| 网　　址 | http://www.xmupress.com |
| 邮　　箱 | xmup@xmupress.com |
| 印　　刷 | 虎彩印艺股份有限公司 |

**开本** 720 mm×1 000 mm　1/16
**印张** 9
**插页** 2
**字数** 160 千字
**版次** 2020 年 8 月第 1 版
**印次** 2020 年 8 月第 1 次印刷
**定价** 83.00 元

本书如有印装质量问题请直接寄承印厂调换

厦门大学出版社
微信二维码

厦门大学出版社
微博二维码

# 前　言

为什么要写《企业商标管理研究》这本书呢？截至目前，笔者还没有发现专门的系统研究企业商标管理的书籍。有学者撰写了企业知识产权管理方面的书籍，对企业商标管理进行了研究，但是所用篇幅不多。鉴于此，笔者对企业商标管理进行了比较系统的研究，希望撰写一本既有理论剖析又有真实案例分析的企业商标管理研究的专著。

本书中"企业商标管理"的主要对象是依据我国《商标法》取得的注册商标，不包括在外国或其他地区取得的商标。本书从企业视角出发对商标管理进行研究，研究主线是企业商标取得→企业商标运用→企业商标维权→企业商标维护→企业商标处置。主要内容如下：

第一章是企业商标管理基本问题。本章包括企业商标管理的概念界定、企业商标管理机构设置及其职责、企业商标管理目标和企业商标管理制度这四节。本章主要对企业商标管理的一些基本问题进行研究，为后续研究打下基础。

第二章是企业商标取得管理。本章包括企业商标注册管理、企业受让取得商标权管理和企业移转取得商标权管理这三节。本章主要从企业原始取得商标权和继受取得商标权两方面进行研究，探索企业商标权取得风险及其防范。

第三章是企业商标运用管理。本章包括企业商标使用管理、企业商标许可管理、企业商标权质押管理、企业商标证券化、企业商标权出资管理这五节。本章对五种常见的企业商标运用方式进行研究，探索企业商标运用风险及其防范。

第四章是企业商标维权管理。本章包括企业商标维权概述、企业商标行政维权、企业商标司法维权这三节。本章主要讲述企业如何监测商标风险，有的放矢地进行企业商标维权活动，从而排除企业商标风险。

第五章是企业商标维护管理。本章包括企业商标变更管理、企业商标续展管理、企业商标印制管理、企业商标档案管理这四节。本章主要讲述企业如何在日常管理中维护商标权，为商标权运用和维权打下坚实的基础。

第六章是企业商标处置管理。本章包括企业商标转让管理和企业商标注销管理两节。如果企业拥有一些闲置商标，这些商标在当前以及未来都没有发挥价值的空间，则可以考虑将这些闲置商标转让或注销。

综上所述，本书主要从企业视角出发，通过理论阐述和案例分析对企业注册商标管理进行较系统的研究。笔者希望本书能够对企业管理人员、知识产权从业人员和知识产权专业学生的工作和学习有所帮助。当然，限于笔者水平，本书肯定存在一些问题和不足，期望广大读者批评指正。

# 目 录

第一章　企业商标管理基本问题 …………………………………………… 1
　　第一节　企业商标管理的概念界定 ………………………………………… 1
　　第二节　企业商标管理机构设置及其职责 ………………………………… 4
　　第三节　企业商标管理目标 ………………………………………………… 5
　　第四节　企业商标管理制度 ………………………………………………… 7

第二章　企业商标取得管理 ………………………………………………… 11
　　第一节　企业商标注册管理 ………………………………………………… 11
　　第二节　企业受让取得商标权管理 ………………………………………… 25
　　第三节　企业移转取得商标权管理 ………………………………………… 32

第三章　企业商标运用管理 ………………………………………………… 36
　　第一节　企业商标使用管理 ………………………………………………… 36
　　第二节　企业商标许可管理 ………………………………………………… 44
　　第三节　企业商标权质押管理 ……………………………………………… 56
　　第四节　企业商标证券化 …………………………………………………… 63
　　第五节　企业商标权出资管理 ……………………………………………… 70

第四章　企业商标维权管理 ………………………………………………… 76
　　第一节　企业商标维权概述 ………………………………………………… 76
　　第二节　企业商标行政维权 ………………………………………………… 80
　　第三节　企业商标司法维权 ………………………………………………… 88

第五章　企业商标维护管理 ………………………………………………… 115
　　第一节　企业商标变更管理 ………………………………………………… 115
　　第二节　企业商标续展管理 ………………………………………………… 118
　　第三节　企业商标印制管理 ………………………………………………… 120
　　第四节　企业商标档案管理 ………………………………………………… 122

第六章　企业商标处置管理……………………………………… **129**
　　第一节　企业商标转让管理…………………………… **129**
　　第二节　企业商标注销管理…………………………… **130**

**参考文献**……………………………………………………… **132**

# 第一章 企业商标管理基本问题

企业商标管理的基本问题是企业商标管理研究的前提。本章界定了企业商标管理的概念,对商标管理和品牌管理的区别和联系进行了分析,探索了当前我国企业商标管理机构的设置及其职能配置,厘清了企业商标管理的阶段目标和最终目标,最后阐述了企业商标管理制度和企业商标战略规划的主要内容。

## 第一节 企业商标管理的概念界定

### 一、企业商标管理的概念

随着我国社会主义市场经济不断发展,企业越来越重视专利、商标和版权等知识产权管理,因为知识产权已经成为企业之间进行市场竞争的重要法宝。企业知识产权管理,是指为规范企业知识产权工作,充分发挥知识产权制度在企业发展中的重要作用,促进企业自主创新和形成自主知识产权,推动企业强化对知识产权的有效开发、保护、运营而对企业知识产权进行的有计划的组织、协调、谋划和利用活动。[①] 企业知识产权管理是企业管理的一个重要组成部分。企业知识产权管理的最终目的是打造企业的核心竞争力,实现企业知识产权利益的最大化。

企业商标管理是指企业通过制定商标管理制度和商标战略规划,对商标取得、商标运用、商标维权、商标维护和商标处置等商标活动进行的全程管理。企业商标管理是企业知识产权管理中非常重要的一环。一个企业可能没有专利、版权、商业秘密等知识产权,但通常都会拥有自己的商标。即便一个企业拥有超强的技术实力,拥有众多专利,但是不去申请商标,也很难做大做强。

企业商标管理相对于其他知识产权管理有两个非常显著的特征:第一,注册商标专用权的管理期限不确定。注册商标专用权有效期限为 10 年,但是期限届满可以续展。也就是说,注册商标专用权的有效期限理论上可以一直延

---

① 冯晓青:《企业知识产权管理基本问题研究》,载《湖南社会科学》2010 年第 4 期。

续下去,相对而言是无期限的。1886年,可口可乐公司在美国佐治亚州亚特兰大市诞生。1893年,CocaCola商标获得美国专利商标局注册。① 可口可乐商标至今已经有一百多年的历史了。只要可口可乐公司存在,可口可乐商标将会一直存续下去。专利权和著作权的有效期限无论长短,基本上都是确定的。② 注册商标专用权的相对无期限性导致企业商标管理相比企业其他知识产权管理更加复杂。第二,注册商标专用权的管理内容比较复杂。企业商标管理并非简单地对商标注册、许可、质押、转让等商标活动进行管理,实质上是运用以法律为核心的多种管理手段对商标中凝结的企业商誉等利益进行有效管理,最终打造驰名商标。企业在商标注册成功之后,必须及时使用注册商标,否则会被他人提起三年不使用之撤销申请;同时不能过度使用注册商标,不能放任自己或他人泛滥地使用注册商标,否则会导致注册商标退化为商品或服务的通用名称,从而被撤销。对于专利权和著作权,企业不需要担心不使用或过度使用问题,只需要及时维护权利即可。

## 二、企业品牌管理的概念

品牌是消费者对产品质量、售后服务和文化价值的一种评价和认知。企业品牌管理,是指企业对品牌的全过程进行有效管理,以使品牌运营在整个企业管理的过程中起到良好的驱动作用,不断提高企业的核心价值和品牌资产,从而为品牌的长期发展打下基础。③ 企业品牌管理流程包括以下四个主要步骤:第一,识别和建立品牌规划。即明确品牌代表什么,相对于市场竞争者如何定位。第二,规划并执行品牌营销活动。即将品牌整合到营销活动和营销支持方案中,让消费者建立品牌与产品之间的联系。第三,评估和诠释品牌绩效。即通过品牌审计、品牌追踪和执行品牌资产管理系统评估衡量品牌价值。第四,提升和维系品牌资产。即通过长期有效的品牌管理保持和扩展品牌资产。④

通过有效的品牌管理,打造家喻户晓的高知名度品牌,只是企业品牌管理

---

① 125 years of sharing happiness,https://www.coca-colacompany.com/content/dam/journey/us/en/private/fileassets/pdf/2011/05/Coca-Cola_125_years_booklet.pdf,最后访问日期:2019年10月5日。

② 作者的署名权、修改权、保护作品完整权的保护期不受限制。

③ 张明立、任淑霞:《品牌管理》,清华大学出版社2018年第3版,第3页。

④ [美]凯文·莱恩·凯勒:《战略品牌管理》,吴水龙、何云译,中国人民大学出版社2014年版,第30~32页。

的阶段目标。维持品牌长盛不衰才是企业的最终目标。企业品牌维持是一条漫长的道路,但是毁灭企业品牌是朝夕之间的事。三鹿奶粉品牌曾经被商务部评为最具市场竞争力品牌,并被世界品牌实验室评为中国 500 个最具价值品牌之一,但是三聚氰胺事件让三鹿奶粉品牌价值一夜之间坍塌。可口可乐品牌已经跨过一百多年历史,其间经历过许多可能影响品牌价值的事件,但是最终通过努力渡过了各种难关。我国企业应当借鉴可口可乐公司这样成熟的跨国公司品牌管理经验,力争创造具有国际竞争力的品牌。

### 三、商标管理与品牌管理的区别

商标是指任何能够将自然人、法人或者其他组织的商品与他人的商品区别开的标志,包括文字、图形、字母、数字、三维标志、颜色组合和声音等,以及上述要素的组合。品牌是一种错综复杂的象征,是品牌属性、名称、包装、价格、历史、声誉、广告风格的无形组合,品牌同时也因消费者对其使用的印象及自身的经验而有所界定。[①] 商标与品牌之间存在密切联系。商标通常是品牌的核心部分。如果将品牌比作一座冰山,则商标是冰山露出海面的部分。品牌往往涉及多个商品和服务类别,包含多个商标。

商标与品牌之间的区别在于:第一,内涵不同。商标是区别不同商品或服务的标志。品牌不仅仅是一个标志,还体现着价值观与情怀。可口可乐象征着乐观向上的美国文化;华为则体现中华有为、奋发图强的价值内涵。第二,属性不同。商标是一个法律概念,意味着法律意义上的专用权。品牌是一个市场概念,意味着市场份额和超额利润。第三,控制方式不同。商标所有权掌握在商标权人手中。商标权人可以自己在商业活动中使用商标,也可以将商标进行许可和转让。品牌却不一定掌握在品牌所有人手中。品牌根植于消费者心中,品牌巨大的价值及市场感召力来源于消费者的认可和信任。品牌一旦失去消费者信任,将变得一文不值。

基于商标和品牌的不同之处,企业商标管理和企业品牌管理也存在较大不同。企业商标管理通常是从法律角度出发,对企业商标管理职责、商标注册、商标使用、商标维护、商标权运用、商标权保护等进行全方位管理。企业品牌管理通常是从市场营销出发,从品牌标志、产品性能和售后服务等方面进行管理,从而赢得消费者的认可和信任。

---

① 张明立、任淑霞:《品牌管理》,清华大学出版社 2018 年第 3 版,第 3 页。

## 第二节 企业商标管理机构设置及其职责

### 一、企业商标管理机构设置

企业商标管理机构是负责商标取得、商标运用、商标维权、商标维护和商标处置等商标管理活动的企业内设机构。一般而言,企业不会专门设置商标管理机构,而是将商标管理职责赋予一个内设机构或几个内设机构。企业商标管理机构设置通常与企业规模和行业属性相适应。企业商标管理机构有多种表现形式,主要有以下几种。

(一)法务部

我国大多数企业都已经设置了法务部,但只有少数大企业或非常重视知识产权的企业才会单独设置知识产权部。知识产权属于法律上的权利,因此许多企业将知识产权管理工作划归法务部。法务部下设商标管理机构或设置专职商标管理工作人员负责商标注册、商标使用、商标许可、商标转让、商标保护和商标培训等企业商标管理事务。

(二)知识产权部

在知识经济时代,企业对知识产权越来越重视。一些企业设置专门的知识产权部或者知识产权管理办公室负责企业所有知识产权管理工作。企业知识产权部下设商标管理机构或专职商标管理工作人员负责商标注册、商标使用、商标许可、商标转让、商标保护和商标培训等企业商标管理事务。

(三)策划部

策划部通常是以企业品牌、产品或服务促销和广告宣传为主要工作的部门。由于品牌与商标关系密切,故许多企业将商标管理工作划归企业策划部。企业策划部下设商标管理机构或设置专职商标管理工作人员负责商标注册、商标使用、商标许可、商标转让、商标保护和商标培训等企业商标管理事务。

以上是企业商标管理机构的三种主要表现形式。实践中,企业商标管理机构形式多样,远不止这三种。有些大企业甚至有多个机构协调负责商标管理事务。例如,企业策划部负责商标具体管理事务;企业商标管理委员会负责对公司商标的使用许可进行评审和决策;企业品牌管理委员会负责对公司主商标、副商标方案进行评审和决策;企业资产管理部负责对商标权属运营提出意见,对商标运营过程中的无形资产价值进行评估;企业法务部负责处理商标侵权纠纷事务,为商标侵权纠纷提供法律咨询意见。

### 二、企业商标管理机构职责

2017年1月20日,江苏省发布了《企业商标管理规范》地方标准。该标准是国内首个企业商标管理地方标准,并经过国家标准化委员会审核备案。《企业商标管理规范》规定,商标管理部门的职责主要包括:第一,结合企业实际,组织制定和实施企业商标战略及各项商标管理制度;第二,制订并实施年度商标工作计划,编制年度商标经费预算;第三,负责与有关行政主管部门、司法机关以及行业组织的联系,了解相关信息;第四,组织开展商标注册、运用、维护和商标权保护以及商标档案收集整理等工作;第五,协助、配合行政主管部门对本企业商标工作的监督检查;第六,组织开展企业商标的宣传培训工作;第七,负责有关商标的其他工作。

《企业商标管理规范》基本上将企业商标管理方面的所有职责都赋予企业商标管理机构。在实践中,企业商标管理机构的职责分配形式多样,各个企业会有所不同。首先,企业商标管理机构职责内容与企业规模和经营形式都有直接关系。通常来说,企业规模大,商标事务较多,企业商标管理机构职责更多;企业实行多品牌经营战略,注册许多商标,商标事务自然也较多,企业商标管理机构职责也更多。其次,企业商标管理职责可能被分配给几个部门。企业商标管理机构承担主要职责,其他部门负责协调配合。企业商标管理机构制定商标战略规划和商标管理制度,负责商标查询、注册、转让、许可,监督商标使用情况,保护母公司商标的专有权,组织商标知识培训,处理与商标有关的非诉讼知识产权纠纷,等等。

## 第三节 企业商标管理目标

### 一、企业商标管理的阶段目标

企业通过合理有效的商标管理,运用正确的商标战略,努力提高商标知名度,让企业商标成为家喻户晓的驰名商标(well-known mark)。这应当是每个企业进行商标管理的初衷,或者说是阶段目标。

驰名商标是商标法律制度中的一个法律术语,但在我国曾经被异化成一种荣誉称号。一个商标被认定为驰名商标后,企业可以通过各种途径宣传"驰名商标"。例如,在商品上标注"驰名商标",在广告宣传中重点强调"驰名商标"。这导致消费者认为驰名商标就是享有最高荣誉和知名度的商标,并进一步认为驰名商标就是优质商品的象征。[①] 地方政府在驰名商标异化过程中也起到了推波助澜的作用。地方政府在推进知识产权强省或强市工作中,将实施商标战略当作重要组成部分,并纷纷将重奖创建驰名商标的企业作为重要抓手。例如,《河南省人民政府关于实施商标战略的意见》(豫政〔2013〕55 号)明确规定,对获得中国驰名商标的企业,省政府一次性给予 50 万元奖励。省政府奖励之后,往往市政府、县政府也会进行配套奖励。企业创建一个驰名商标,能够获得上百万奖金。在驰名商标被异化的时候,企业商标管理的主要目标就是创建驰名商标。

2013 年 8 月 30 日,第十二届全国人民代表大会常务委员会第四次会议通过《关于修改〈中华人民共和国商标法〉的决定》,增加了"生产、经营者不得将'驰名商标'字样用于商品、商品包装或者容器上,或者用于广告宣传、展览以及其他商业活动中"的规定。该规定可以有力遏制驰名商标异化现象,将驰名商标回归本源。尽管驰名商标不能用于宣传,但是驰名商标依然有着巨大的经济价值。高信誉商标都是驰名商标。这也意味着,驰名商标由于家喻户晓的特性,可以带来巨大的市场份额。驰名商标蕴含的巨大经济价值是企业创建驰名商标的不竭动力。

## 二、企业商标管理的最终目标

从企业商标管理视角来看,通过持续实施并改进企业商标管理体系,可以改善市场竞争地位,提升企业核心竞争力,从而支持企业可持续发展。[②] 企业竞争力可以分为多个层面,通常包括企业产品、企业制度和企业文化。品牌则是能够将企业产品、企业制度和企业文化整合在一起的关键,而商标又是品牌的核心要素。企业通过商标管理,将经营思想、产品品质、服务理念、企业文化

---

① 韩笑:《再论驰名商标异化》,载《电子知识产权》2009 年第 8 期。
② 《企业知识产权管理规范》(GB/T 29490—2013)引言指出,通过持续实施并改进知识产权管理体系,可以有如下输出:第一,激励创造知识产权,促进技术创新;第二,灵活运用知识产权,改善市场竞争地位;第三,全面保护知识产权,支撑企业持续发展;第四,系统管理知识产权,提升企业核心竞争力。

都凝聚在自己的商标里,累积良好商誉,最终创建高知名度品牌。高知名度品牌意味着企业占据有利的市场竞争地位,拥有核心竞争力。创建高知名度品牌,并维持品牌生命力,保持市场核心竞争力,是企业商标管理的最高境界或最终目标。

消费者表面上是依据商标在选择商品或服务,实质上是依据品牌在选择商标或服务。"品牌,是广大消费者对一个企业及其产品过硬的产品质量、完善的售后服务、良好的产品形象、美好的文化价值、优秀的管理结果等所形成的一种评价和认知,是企业通过努力在其产品与消费者之间建立的信任、青睐甚至崇拜的特殊情感,因此品牌具有强大的市场感召力和商业价值。"[1]品牌的核心价值是企业具有的某种鲜明独特的、在一定程度上不可替代的市场驾驭能力。[2] 英国知名品牌价值资讯公司 Brand Finance 每年都会公布"全球品牌500强"。"2019年全球品牌500强"榜单中的任何一个品牌都具有强大的市场感召力和商业价值,例如,"亚马逊"和"华为"。中国品牌在"2019年全球品牌500强"占据的席位比之前更多,并且中国品牌的名次也得到了大幅提升。这说明我国企业越来越重视品牌管理,并取得了重大进展。[3]

## 第四节 企业商标管理制度

### 一、企业商标管理制度的主要作用

企业商标管理工作可以带动和影响整个企业的经营活动,但是商标管理工作必须有相应的管理制度予以保障。企业商标管理制度主要可以起到两个方面的作用:第一,明确企业商标管理相关主体的职责。企业商标管理是一个系统工程,必须企业从上至下齐心协力配合。尽管企业通常会指定一个商标管理部门,统筹负责企业商标管理事务,但是企业其他部门对企业商标管理也负有相应的职责。为了避免互相推诿,通过企业商标管理制度对相关主体的

---

[1] 庄晓苑:《从品牌培育机制的缺失解读我国驰名商标异化问题——以新〈商标法〉第14条的修改为讨论起点》,载《中华商标》2014年第2期。
[2] 韩志峰:《宝洁与海尔品牌策略分析》,载《品牌》2001年第10期。
[3] 十大品牌网:《2019〈财富〉世界500强企业名单发布 2019年全球500强排行榜完整版》,https://www.maigoo.com/news/524108.html,最后访问日期:2019年10月5日。

权限和职责予以明确是最有效的方法。第二,可以作为追究相关责任主体的依据。企业商标管理制度可以约束每个内设机构和每个员工,让大家依照商标管理制度分工合作。一旦出现问题,也可以通过商标管理制度确定谁应当承担责任。

**二、企业商标管理制度的主要内容**

企业商标管理制度有广义和狭义之分。广义的企业商标管理制度包括所有与商标管理相关的制度文件。狭义的企业商标管理制度则是指对商标进行日常管理的制度文件。狭义的企业商标管理制度通常包括以下几个方面内容:第一,总则。这部分通常阐述制定企业商标管理制度的主要目的和适用范围。企业制定商标管理制度主要是为了规范商标管理、保护商标权、打造知名品牌。企业商标管理制度应当贯穿商标取得、商标运用、商标维护、商标保护和商标处置等商标管理全流程。第二,商标管理机构和职责。企业商标管理制度应当明确规定企业商标管理部门及其职责,并对其他部门在商标管理过程中的协调配合职责予以明确。第三,企业商标管理具体事宜。企业商标管理通常包括商标取得、商标运用、商标维护、商标维权和商标处置等事宜。企业商标管理制度对每一项都可以用专章予以规定,并且可以根据需要调整名称。第四部分,附则。这一部分通常包含企业商标管理制度的解释权和实施日期。

**三、企业商标战略规划的主要内容**

企业商标战略规划属于广义的企业商标管理制度。企业商标战略是指企业为获取或保持市场竞争优势,运用商标制度提供的保护手段,达到树立企业形象、促成产品或服务占领市场的总体性谋划。[①] 企业商标战略应当纳入企业营销战略和经营发展总战略,因此企业商标战略通常与企业品牌战略融为一体。企业负责人在企业商标战略制定过程中应当发挥重要作用。企业负责人应当组织制定企业商标战略,为商标战略的实施提供相应的保障条件,并督促、检查企业商标战略的落实情况。企业商标取得、商标运用、商标维护、商标保护和商标处置都必须有一定的策略或谋划,从而为企业获取或保持市场竞争优势服务。

企业商标战略最核心的问题在于构建有机的企业商标体系。企业通常会注册文字商标、字母商标、图形商标、立体商标、组合商标等各种商标。这些商

---

① 冯晓青:《企业知识产权战略》,知识产权出版社 2015 年第 4 版,第 179 页。

标应当构成一个有机的整体,从而充分发挥商标体系的作用。文字商标是企业的核心商标,因为文字商标具有意思表达明晰、视觉效果良好和容易被消费者记住等优点。依据企业商品与文字商标的对应情况,企业商标体系通常有三种形态。

第一,多品一标的商标体系。即无论企业有多少种产品,都始终如一地使用同一文字商标。围绕这一文字商标,企业通常会申请图形商标、组合商标,还会申请防御商标和联合商标,从而构成一个完整的商标体系。企业在一种产品上取得成功之后,再将这种产品的商标拓展到企业生产的其他产品。许多跨国公司都采用多品一标单一商标体系,例如,索尼、松下、惠而浦、西门子等。但现在采用多品一标单一商标体系的企业越来越少,大多数企业还是会根据不同产品申请不同商标。

第二,一品多标的商标体系。即不同产品采用不同商标,且同一产品采用多种商标。有些企业生产不同种类的产品时,通常会采取不同产品不同商标的商标体系,并且在生产种类相同但功能定位不同

图 1-1 美国宝洁公司 P&G 商标

的产品时,也采用多商标战略。美国宝洁公司是一品多标商标体系的主要代表。美国宝洁公司是一家国际性综合洗涤用品生产经营公司,生产牙膏、香皂、洗衣粉或洗衣液、洗发水等多种产品,并且一开始就采用不同产品不同商标或一种产品多种商标的商标战略。宝洁公司的牙膏商标是"佳洁士",香皂商标是"舒肤佳",洗衣粉或洗衣液商标有"碧浪"和"汰渍",洗发水商标有潘婷、飘柔和海飞丝。宝洁公司围绕这些文字商标,再申请图形商标、组合商标、联合商标和防御商标,从而构成一个完整的商标体系。许多公司想复制宝洁公司的成功经验,但成功者不多。主要原因是不分青红皂白地复制,没有考虑到产品类型、市场容量和需求多元化等条件限制。宝洁的产品多为消费品,市场容量大,且需求多元化特征明显,因此可以细分市场,还可以批量生产。而生产耐用消费品的企业采用宝洁公司的商标体系策略成功的可能性比较小。企业实施一品多标的商标体系时,不但要保持企业整体文化核心不变,而且要有意识地塑造各个商标之间较为明显的差异。这对企业有四个方面的要求:(1)要有成熟的战略规划;(2)要有成熟的品牌运作和管理体系;(3)要有能精确细分市场的产品;(4)要有承受巨额品牌建设费用的能力。[①]

---

① 韩志峰:《宝洁与海尔品牌策略分析》,载《品牌》2001 年第 10 期。

图 1-2　美国宝洁公司主要商标

第三,主副商标体系。企业在同一产品上使用两个商标,一个主商标,一个副商标。主商标是适用在各类产品上体现企业形象的商标;副商标是适用在具体类别商品上的商标,来具化不同商品的特点。中国移动通信集团有限公司在移动电话通信服务上的主商标是第5105758号"中国移动通信"组合商标。中国移动通信集团有限公司针对不同客户人群推出了三种不同的移动电话通信服务套餐。全球通套餐适合经常全球各国和地区出差旅游的客户群;神州行套餐适合经常全国各地出差旅游的客户群;动感地带套餐适合主要待在一个城市不怎么跑动的客户群。中国移动通信集团有限公司为这三种移动通信服务套餐分别申请了第3055504号"全球通"商标、第1699831号"神州行"商标、第1987698号"动感地带"商标。这三个商标就是中国移动通信集团有限公司用在移动电话通信服务上的副商标。

图 1-3　"中国移动通信"商标

图 1-4　"全球通"商标

神州行

图 1-5　"神州行"商标

动感地带

图 1-6　"动感地带"商标

# 第二章 企业商标取得管理

企业商标权取得方式有两种：一是原始取得，即企业商标权是由创设而来的。二是继受取得，即企业是以他人既存的商标权和他人意志为基础取得商标权。本章对企业取得商标权的各种方式进行了介绍，分析了企业商标权取得过程中的风险，并提出了防范风险的措施。

## 第一节 企业商标注册管理

### 一、企业商标注册策略

商标注册是指商标申请人根据我国《商标法》规定的注册条件和程序，向国家知识产权局商标局①提出注册申请，国家知识产权局商标局依法核准后，

---

① 2018年3月，中共中央印发《深化党和国家机构改革方案》，将国家知识产权局的职责、国家工商行政管理总局的商标管理职责、国家质量监督检验检疫总局的原产地地理标志管理职责整合，重新组建国家知识产权局，由国家市场监督管理总局管理。2018年11月15日《中央编办关于国家知识产权局所属事业单位机构编制的批复》（中央编办复字〔2018〕114号）规定，将原国家工商行政管理总局商标局、商标评审委、商标审查协作中心整合为国家知识产权局商标局，是国家知识产权局所属事业单位。2019年3月26日《国家知识产权局关于印发〈商标局职能配置、内设机构和人员编制规定〉的通知》（国知发人字〔2019〕19号）规定，商标局主要职责为：承担商标审查注册、行政裁决等具体工作；参与商标法及其实施条例、规章、规范性文件的研究制定；参与规范商标注册行为；参与商标领域政策研究；参与商标信息化建设、商标信息研究分析和传播利用工作；承担对商标审查协作单位的业务指导工作；组织商标审查队伍的教育和培训；完成国家知识产权局交办的其他事项。根据国家知识产权局第295号公告，商标审查用章由国家知识产权局加具体业务类型组成，商标审查工作中涉及的请求类表格/书式和发出类通知书/书式中统一使用国家知识产权局。商标注册证上盖章为国家知识产权局公章。本书中，除《商标法》《商标法实施条例》中的法律条文和机构改革之前颁布的法律文书中有"商标局"和"商标评审委员会"的地方外，为方便行文，涉及商标注册机构一般采用"国家知识产权局商标局"，涉及商标评审机构一般采用"国家知识产权局"。

在商标注册簿上登录,发给商标注册证,并予以公告,授予商标注册申请人商标专用权的法律活动。在我国,商标注册采取自愿原则为主、强制注册为辅的商标注册原则。目前,除了烟草制品实行强制注册外,其他产品或服务上的商标都采取自愿注册原则。也就是说,我国允许企业使用未注册商标,但是未注册商标受到法律保护的程度很低。商标注册是企业原始取得商标专用权的途径。企业申请注册商标必须有一定的策略,不能够随心所欲。企业注册商标必须考虑如下问题。

（一）注册什么商标

我国《商标法》第8条规定,任何能够将自然人、法人或者其他组织的商品与他人的商品区别开的标志,包括文字、图形、字母、数字、三维标志、颜色组合和声音等,以及上述要素的组合,均可以作为商标申请注册。企业在选择注册什么商标时,必须注意不得违反《商标法》的强制性规定,然后才能够考虑到商标的营销属性。一个显著性很强的商标,很容易被消费者记住,从而展示出强大的营销力。文字商标同时具有音形义,能够直观传达信息,且便于称呼,因此笔者认为文字商标,特别是代表企业形象的文字商标,属于企业的核心商标。企业注册商标时,应当首先考虑注册文字商标,然后考虑注册图形商标等其他商标。其他商标也有自身优势,可以对文字商标进行补强。在选定文字商标后,企业要考虑选择多品一标商标体系、一品多标商标体系或主副商标体系。如果企业实力足够强大,还应当考虑是否要注册联合商标和防御商标,以便加强对主商标的保护。

（二）在哪些商品或服务上进行注册

我国《商标法》第56条规定,注册商标的专用权,以核准注册的商标和核定使用的商品为限。因此,企业注册商标时,选择什么商品进行注册是很重要的。企业必须统筹考虑注册商标核定使用在哪些商品上,不能只考虑当前已经生产的商品,还要考虑将来可能生产的商品,为将来预留发展空间。1993年2月7日,美国强生公司在我国获准注册了第627498号"采乐"商标,核定使用商品为第5类人用局部抗菌剂,并于1994年许可给其中国子公司西安杨森制药有限公司使用。西安杨森制药有限公司开始推出"采乐"治头皮屑药剂。1998年10月,广东省南海市梦美思化妆品有限公司注册了"采乐CAILECAILE"商标,核定使用商品为第3类化妆品。2003年4月28日,佛山圣芳（联合）有限公司从南海市梦美思化妆品有限公司受让了"采乐CAILE"商标,将其使用在化妆品和洗发露上,并进行了大量宣传。"采乐"治头皮屑药剂和"采乐 CAILE"洗发水的使用方法和功能基本是相同的,两者存在竞争关系。如果美国强生公司在申请"采乐"商标时,能够将第 3 类洗发水相关产品一并申请,后面就不会发生美国强生公司与佛山圣芳(联合)有限公司之间关于"采乐"商标的漫长纠纷过程。

图 2-1　"采乐"酮康唑洗剂　　图 2-2　"采乐 CAILE"洗发水

在"互联网+"时代,企业在申请注册商标时,更需要综合考虑核定使用的商品或服务,因为企业提供的产品和服务往往会涉及线上与线下功能。APP 软件是企业结合线上线下服务功能的连接点。以滴滴打车为例,一款打车软件至少涉及计算机程序下载、旅行预订、运送乘客、出租车运输、地图、计算机终端通信等方面的功能,这就要求软件运营商在相应的第 9 类、第

图 2-3　"滴滴出行"标志

39 类、第 16 类、第 42 类等多个类别上申请注册"滴滴打车"商标。① 如果北京嘀嘀无限科技发展有限公司②只拥有其中一个功能的"滴滴打车"注册商标,而

---

① 彭文雪:《"互联网+"时代的商标注册风险及应对策略》,载《中华商标》2015 年第 7 期。
② 北京嘀嘀无限科技发展有限公司是北京小桔科技有限公司的关联公司。北京嘀嘀无限科技发展有限公司拥有"滴滴出行"全部商标。2019 年 10 月 5 日,以"滴滴出行"作为检索商标名在中国商标网检索,可以发现 97 条"滴滴出行"的商标信息,其中 94 条属于北京嘀嘀无限科技发展有限公司。北京嘀嘀无限科技发展有限公司申请注册了"计算机程序下载、旅行预订、运送乘客、出租车运输、地图、搜索引擎"对应类别的"滴滴打车"商标。例如,第 14985977 号"滴滴打车"商标的核定商品包括第 9 类计算机程序(可下载软件)等;第 15844343A 号"滴滴打车"商标的核定服务包括第 39 类汽车出租、旅行预订、运送乘客、出租车运输等;第 17835555 号"滴滴打车"商标的核定商品包括第 16 类地图等;第 17835533 号"滴滴打车"商标的核定服务包括第 38 类数据流传输、计算机终端通信等。

其他功能的"滴滴打车"商标被他人拥有,则必定存在不同主体的不同类别商标之间的冲突的现象,从而导致"滴滴打车"APP无法正常运营。如果企业实力雄厚,采用全类别注册商标,可以杜绝商标纠纷的烦恼。然而,绝大部分企业没有那样的实力,这就必须结合企业核心业务和市场布局,具体分析可能涉及的商品或服务类别,进行多类别商标注册。在"互联网+"时代,即便是制造型企业也必须考虑是否涉足电子商务。如果有这个打算,还必须考虑在诸如第35类中"替他人推销350071"的服务上申请注册商标。

(三)在什么时候注册商标

企业注册商标有两个关键时间节点:一是企业成立时。成立企业通常都是经过深思熟虑的,投资者通常对企业商号、企业产品或服务已经有所谋划。这个时候就必须考虑注册商标。企业要考虑将商号注册为代表企业形象的核心商标。企业商号与企业核心商标应当保持一致,以免企业商号被其他企业拿去申请商标。企业商号与企业核心商标不一致,并不绝对阻碍企业发展,但是很容易导致消费者混淆。企业商号与代表企业形象的核心商标保持一致,有利于企业对外宣传,更容易赢得消费者信任。大多数企业商号与主商标(通常是文字商标)是保持一致的。例如,华为技术有限公司的商标是"华为"商标。

二是推出新产品时。如果采用单一商标体系,不需要考虑这个问题。如果采用不同产品不同商标,则推出新产品时必须考虑注册商标。一个企业要推出新产品,应当考虑商标注册时机。在产品规划时注册商标,在产品研发时注册商标,还是在产品上市时注册商标。注册商标存在不确定性,不是想注册就一定能够注册成功。如果选择在产品上市时注册商标肯定是不理智的。万一商标申请被驳回,或者被人提起商标异议,就可能导致产品已经上市了,却还没有可以使用的商标。即便未注册也可以使用,但总的来说还是不太妥当,存在较大商标风险。如果选择产品规划时就申请商标,又可能过早将信息暴露给竞争对手。通常最适合注册商标的时机应当是产品在研发并且离产品上市大约一年的时间节点。这时候申请注册商标,将可能存在的驳回、异议时间都考虑在内了。即便还是可能有意外,但是可以说是最好的时间点。随着市场经济越来越深入人心,许多企业非常重视新产品的商标注册,甚至一些影视公司对于热播电影和电视的名称和角色名字都预先进行商标注册,为公司推出衍生产品做准备。贵州新湃传媒有限公司和企鹅影视于2018年联合出品了古装仙侠电视剧《陈情令》,并于2019年6月27日首播。该剧成为热播影视剧,受到观众热烈追捧。为避免"陈情令"被他人抢注商标,贵州新湃传媒有限公司于2017年9月12日就已经在国内多个类别的商品或服务上申请注册"陈情令"商标,并已经取得部分类别的注册商标专用权。贵州新湃传媒有限公司于2019年7月30日又在诸多类别商标和服务上申请了"陈情令"商标。事实证明,出品方贵州新湃传媒有限公司确实是有远见的,提前注册商标达到了防范他人搭便车的作用。2019年9月10日,以"陈情令"在中国商标网查询,可以查到55条商标申请记录。从查询结果可以看出,已经有人在陈情令热播期间向商标局申请"陈情令"商标。

(四)在哪里注册商标

企业申请注册商标时必须考虑注册地域,通常需要考虑商品制造地、销售地、出口地和授权地。企业准备在哪些国家或地区制造使用拟申请注册商标的产品,准备往哪些国家或地区销售产品,将商品运达销售目的地需要经过哪些中转国家或地区,企业有没有将拟申请注册商标许可给其他国家或地区的企业使用,这都是企业申请注册商标需要考虑的问题。① 一个企业通常有核心商标和非核心商标。对于核心商标,企业更需要考虑在全球主要经济体进行商标注册;对于非核心商标,则可以选择性进行注册。即便一个企业已经确定在哪些国家和地区注册商标,在选择初始申请地域时依然有一定的策略。美国苹果公司在申请注册IWATCH商标时,充分展示选择初始申请地域的策略。苹果公司申请注册IWATCH商标的初始申请国是牙买加。为什么选择牙买加作为IWATCH商标的初始申请国?根据《保护工业产权巴黎公约》第4条的规定,已经在本联盟的一个国家正式提出商标注册申请的任何人,或其权利继承人,在第一次申请后6个月内在其他国家就同一商标在相同商品上提出商标注册申请,可以享有优先权。牙买加政府没有提供官方商标数据库在线检索服务,也就意味着竞争对手查不到IWATCH商标申请情况。苹果公司只要在六个月优先权期限快要届满时再到美国、欧洲、日本和中国等主要国家去申请IWATCH商标,就可以将生产IWATCH产品的商业信息再保密六个月。② 2013年6月3日,苹果公司在第9类商品上向我国商标局申请了第12693251号"IWATCH"商标,并于2017年10月28日获核准注册。

---

① 对于跨国公司或者外向型企业,在哪些国家或地区注册商标是必须要考虑的问题。对于仅仅面向国内提供商品或服务的中小企业,则可能不需要考虑在哪些国家或地区注册商标的问题。

② 游云庭:《苹果公司iWatch商标申请注册情况解析》,http://tech.sina.com.cn/zl/post/detail/it/2013-08-02/pid_8432033.htm,最后访问日期:2019年6月9日。

从中国商标网查询信息可以看出,苹果公司申请IWATCH商标享有国际优先权,优先权日期是2012年12月3日。当竞争对手们通过公开途径查询到苹果公司的IWATCH商标的时候,苹果公司已经将IWATCH产品推向市场,赢得了宝贵的市场营销先机。

## 二、企业商标注册的主要风险

企业在商标申请注册过程中可能存在各种风险。任何一种风险都可能导致企业申请注册商标失败。企业在商标申请注册过程中主要有以下风险。

### (一)商标被抢注风险

我国绝大多数企业的商标意识越来越强,通常会及时申请注册商标,但是仍会存在由于各种原因没有及时注册商标,导致拟申请商标被他人抢先注册的现象。① 特别是当企业推出新产品并打算申请与新产品相关的商标时,发现拟申请商标已经被竞争对手或其他企业抢先注册了,从而陷入被动局面,甚至从此一蹶不振。大名鼎鼎的腾讯科技(深圳)有限公司(简称"腾讯公司")也曾经遇到过这种情况。2011年1月21日,腾讯公司推出"微信1.0"测试版。这款社交应用软件的火爆程度远远超出预期,注册用户以几何级数增长。2011年1月24日,腾讯公司向商标局提交"微信"图文商标在第9类(计算机软件和程序等)和第38类(通讯类服务)的注册申请,但是被驳回了。因为创博亚太科技(山东)有限公司(简称"创博亚太公司")于2010年11月12日在第9类、第38类和第42类上向商标局分别申请了第8840918号"微信"商标、第8840949号"微信"商标、第8840970号"微信"商标。创博亚太公司申请注册的第8840949号"微信"商标(简称"被异议商标")的注册申请,指定使用在第38类"信息传送、电话业务、电话通讯、移动电话通讯"等服务上。如果第8840949号"微信"商标获得注册,则意味着腾讯公司"微信"社交软件必须改名换姓,否则就会侵犯创博亚太公司的商标专用权。2011年8月27日,第8840949号"微信"商标经商标局初步审定公告。毫不意外,在法定异议期内,一个叫张新河的人对被异议商标提出异议。2013年3月19日,商标局作出〔2013〕商标异字第7726号《"微信"商标异议裁定书》,裁定被异议商标不予核

---

① 抢先注册是一个中性词。如果基于市场竞争,注册商标时间比竞争对手早,这是合法的值得鼓励的商标注册行为。如果通过非法手段,将他人拟申请注册商标抢先注册,这是非法的应当受到法律制裁的商标注册行为。

准注册。创博亚太公司不服商标局裁定,于2013年4月7日向商标评审委员会申请复审。商标评审委员会依然裁定,被异议商标不予核准注册。创博亚太公司不服商标评审委员会裁定,又向北京市知识产权法院提起行政诉讼,北京市知识产权法院维持商标评审委员会裁定。创博亚太公司又向北京市高级人民法院提起上诉,但是北京市高级人民法院维持原判。① 创博亚太公司在第9类、第38类和第42类申请注册"微信"商标都未获得核准,要么处于等待实质审查,要么申请被驳回、不予受理。

"微信"商标注册案件充分说明,企业必须及时注册商标,特别是要选择适当的时间点注册商标,否则很可能遭遇拟申请注册商标被他人抢先注册的风险,从而对企业发展造成重大或致命的打击。当然,有人可能会质疑,如果企业拟申请的商标被他人抢先注册了,依据我国《商标法》第59条第3款②的规定还可以继续在原有使用范围将拟申请注册商标作为未注册商标使用,怎么会对企业发展造成重大或致命的打击?如果一个企业拟申请注册的商标已经被人先注册了,只要企业使用该商标的时间早于商标注册时间并且已经有一定影响,则可以继续在原使用范围内继续使用该商标。但是一个未注册商标要想获得一定影响力,是有一定难度的。这也是有学者建议删去"有一定影响"

图 2-4 腾讯公司"微信"标志

要件的原因。③ 即便可以在原有使用范围内继续使用未注册商标,企业发展也会受到极大限制。在"微信"商标案中,如果创博亚太公司成功注册"微信"商标,腾讯公司还不能在"原有使用范围"内继续使用"微信"商标,因为腾讯公司推出"微信1.0"测试版的时间晚于创博亚太公司申请"微信"商标的时间。腾讯公司最终在第9类和第38类分别获准注册第9085979号"微信"商标和第9085995号"微信"商标。不是每个产品都会有即时通信工具"微信"这么大的影响力,也不是每个企业都会有腾讯公司那么强大的实力,

---

① 参见北京市高级人民法院〔2015〕高行知终字第1538号。

② 《商标法》第59条第3款:"商标注册人申请商标注册前,他人已经在同一种商品或者类似商品上先于商标注册人使用与注册商标相同或者近似并有一定影响的商标的,注册商标专用权人无权禁止该使用人在原使用范围内继续使用该商标,但可以要求其附加适当区别标识。"

③ 黄朝玮:《商标先用权制度应删去"有一定影响"要件——评〈商标法〉第59条第3款》,载《中华商标》2015年第8期。

自然不可能每个企业都会有腾讯公司那么幸运,在拟申请注册商标被抢注后,仍然能够阻止他人注册成功,并最终获准注册拟申请注册商标。

(二)商标被驳回风险

企业向国家知识产权局商标局申请注册商标,有可能因为各种原因被驳回。我国《商标法》只有第30条和第31条明确规定了商标驳回的情形。《商标法》第30条规定,申请注册的商标,凡不符合本法有关规定或者同他人在同一种商品或者类似商品上已经注册的或者初步审定的商标相同或者近似的,由商标局驳回申请,不予公告。《商标法》第31条规定,两个或者两个以上的商标注册申请人,同一天在同一种商品或者类似商品上,以相同或者近似的商标申请注册的,初步审定并公告使用在先的商标,驳回其他人的申请,不予公告。根据《商标法》第30条和第31条的规定,通常可以将国家知识产权局驳回商标注册申请的理由分为两种。

第一种,绝对理由。即商标注册申请违反了《商标法》中禁止注册的情形或者商标申请违反了法律规定的显著性条件,国家知识产权局将驳回商标注册申请。《商标法》第10条规定:"下列标志不得作为商标使用:(一)同中华人民共和国的国家名称、国旗、国徽、国歌、军旗、军徽、军歌、勋章等相同或者近似的,以及同中央国家机关的名称、标志、所在地特定地点的名称或者标志性建筑物的名称、图形相同的;(二)同外国的国家名称、国旗、国徽、军旗等相同或者近似的,但经该国政府同意的除外;(三)同政府间国际组织的名称、旗帜、徽记等相同或者近似的,但经该组织同意或者不易误导公众的除外;(四)与表明实施控制、予以保证的官方标志、检验印记相同或者近似的,但经授权的除外;(五)同'红十字''红新月'的名称、标志相同或者近似的;(六)带有民族歧视性的;(七)带有欺骗性,容易使公众对商品的质量等特点或者产地产生误认的;(八)有害于社会主义道德风尚或者有其他不良影响的。县级以上行政区划的地名或者公众知晓的外国地名,不得作为商标。但是,地名具有其他含义或者作为集体商标、证明商标组成部分的除外;已经注册的使用地名的商标继续有效。"例如,以 CHIN 申请注册商标,与我国国家名称基本相同,应当予以驳回;以 un 申请注册商标,足以使公众将其与联合国组织相联系,认为申请人与联合国有什么关系,应当予以驳回。《商标法》第11条规定:"下列标志不得作为商标注册:(一)仅有本商品的通用名称、图形、型号的;(二)仅直接表示商品的质量、主要原料、功能、用途、重量、数量及其他特点的;(三)其他缺乏显著特征的。前款所列标志经过使用取得显著特征,并便于识别的,可以作为商标注册。"例如,以 [图形] 申请在人参上使用的商标,由于高丽参属于人参一种,申请标志属于指定使用商品的通用名称,应当予以驳回;以 [图形] 申请在大米上使用的商标,直接表示指定使用大米商品的质量,应当予以驳回。除了这两条规定之外,还有《商标法》第 12 条和第 13 条等规定。

第二种,相对理由。即指申请注册商标同他人在同一种商品或者类似商品上已经注册的或者初步审定的商标相同或者近似,或者与他人同一天在同一种商品或者类似商品上申请注册且使用在先的商标相同或者近似。[①] 例如,爱罗欧产品新西兰有限公司申请注册第 15512418 号"爱罗欧制服"商标。商标局认为与在先注册的引证商标第 11442932 号"爱诗罗欧"商标属于近似商标,将第 15512418 号"爱罗欧制服"申请注册商标予以驳回。[②]

2019 年 4 月 23 日,第十三届全国人民代表大会常务委员会第十次会议《关于修改〈中华人民共和国建筑法〉等八部法律的决定》第四次修正,在《商标法》第 4 条中增加了"不以使用为目的的恶意商标注册申请,应当予以驳回"的规定。该规定主要目的是对我国当前泛滥的恶意商标注册行为进行有力遏制。

(三)商标被异议风险

企业向国家知识产权局商标局申请注册商标,存在被他人提出异议的风险。商标异议是指在先权利人、利害关系人、社会公众认为违反《商标法》第 13 条第 2 款和第 3 款、第 15 条、第 16 条第 1 款、第 30 条、第 31 条、第 32 条规定的,或者任何人认为违反《商标法》第 4 条、第 10 条、第 11 条、第 12 条、第 19 条第 4 款规定的,对初步审定公告的申请注册商标,在公告之日起 3 个月内向商标局提出该申请注册商标不应当给予注册的反对意见。[③] 企业申请注册商标时经常会遭遇各种各样的商标异议行为。

---

[①] 陈晓华:《浅析商标驳回相对理由的审查》,载《中国专利与商标》2006 年第 3 期。

[②] 参见商评字〔2016〕第 0000096055 号《关于第 15512418 号"爱罗欧制服"商标驳回复审决定书》。

[③] 《商标法》第 33 条:"对初步审定公告的商标,自公告之日起三个月内,在先权利人、利害关系人认为违反本法第十三条第二款和第三款、第十五条、第十六条第一款、第三十条、第三十一条、第三十二条规定的,或者任何人认为违反本法第四条、第十条、第十一条、第十二条、第十九条第四款规定的,可以向商标局提出异议。公告期满无异议的,予以核准注册,发给商标注册证,并予公告。"

有些商标异议是异议人正当维护自身权益的行为。在卡深罕商标异议案中，广州卡深罕化工科技有限公司（简称"被异议人"）向商标局申请注册第 19125724 号"卡深罕"商标，指定使用在第 1 类"工业用黏合剂、生产加工用除脂剂、工业用软化剂、化学冷凝制剂"等商品上。广州诺拜因化工有限公司（简称"异议人"）对被异议人经初步审定并公告的第 19125724 号"卡深罕"商标提出异议申请。异议人认为，被异议人股东曾经为其雇用员工，明知异议人拥有第 18609088 号"卡深罕"商标（核定使用商品为第 4 类"溶剂油、润滑剂"等），还将异议人商标拿去注册公司名称，并在第 1 类和第 2 类等密切相关商品上申请注册"卡深罕"商标，主观恶意非常明显。异议人提供了被异议人股东为其雇用员工的劳动合同书、岗位协议书、被异议人的工商注册信息、法院关于认定被异议人股东曾作为异议人雇用员工侵犯异议人商业秘密的判决书等证据材料。商标局认为，被异议人申请的"卡深罕"商标与异议人在先注册的"卡深罕"商标指定使用的商品功能、用途密切关联，构成类似商品。商标局裁定，被异议商标违反《商标法》第 7 条、第 15 条、第 30 条的相关规定，被异议商标不予核准注册。① 商标申请人广州卡深罕化工科技有限公司主观上存在恶意，商标被异议并导致申请商标注册失败是意料之中的事情。

有些商标异议是异议人基于市场竞争提起的。农夫山泉股份有限公司（简称"农夫山泉公司"）为了开辟新鲜蔬果等农产品市场，于 2009 年 9 月 8 日在第 31 类向商标局申请了第 7681426 号"果园老农"商标，用在新鲜水果等商品上。这个商标申请之后，金果园老农（北京）食品股份有限公司（简称"金果园老农公司"）立即提出异议。金果园老农公司是一家食品加工企业，也在筹划进军新鲜农产品市场。农夫山泉公司第 7681426 号"果园老农"经过不予注册、异议复审、行政诉讼等阶段，最终没有获得核准注册。2013 年 12 月 17 日，农夫山泉公司将"果园老农"变更字体后在第 31 类再次向商标局申请了第 13751556 号"果园老农"商标，用在新鲜水果等商品上。金果园老农公司又提出异议。商标局认定异议成立，不予核准注册第 13751556 号"果园老农"商标。

农夫山泉公司向商标评审委员会申请不予注册商标复审。2017 年 8 月 1 日，商评委作出决定，认为农夫山泉的第 13751556 号"果园老农"商标与金果

---

① 腾讯网：《2018 年商标异议典型案例》，https://new.qq.com/omn/20190426/20190426A03XA500，最后访问日期：2019 年 6 月 11 日。

园老农公司的第 6804211 号"果园老农及图"商标、第 4486958 号"果园老农 Orchard peasant 及图"商标、第 3413823 号"果园老农 Orchard peasant"商标（三个引证商标）构成使用在同一种或者类似商品上的近似商标，故对农夫山泉公司的第 13751556 号"果园老农"商标不予核准注册。农夫山泉公司

图 2-5　金果园老农公司"果园老农及图"商标

不服该决定，向北京知识产权法院提起了诉讼。北京知识产权法院认为，虽然第 13751556 号被异议商标由汉字"果园老农"构成，与三引证商标构成近似标识，但农夫山泉公司第 13751556 号"果园老农"商标指定使用的植物、新鲜水果、新鲜蔬菜等商品，与三引证商标核定使用的如加工过的开心果、果肉、话梅等商品，在生产部门、销售渠道上存在一定差别。2018 年 9 月 14 日，北京知识产权法院作出〔2017〕京 73 行初 7466 号判决，认为商标评审委员会认定被异议商标与各引证商标构成使用在类似商品上的近似商标的结论有误，应予撤销，并要求其就农夫山泉公司针对第 13751556 号"果园老农"商标不予注册复审申请重新作出审查决定。在农夫山泉公司与金果园老农公司之间的商标纠纷中，金果园老农公司提起的商标异议就是基于市场竞争提起的，因为双方都想进军新鲜蔬果等农产品市场。

对于商标注册申请人来说，商标异议程序可能带来两个不利后果：第一，延长了商标注册申请时间，让获取商标权的周期变得更长。一个初步审定公告的申请注册商标如果被提出异议，中间可能经历商标局裁定、商标评审和法院诉讼等阶段，从而造成被异议商标的权利长期处于待定状态，不利于商标注册申请人（被异议人）围绕被异议商标开展经营活动。第二，可能导致商标注册申请失败。如果商标异议理由成立，商标局将作出不予注册决定。

### 三、企业商标注册风险防范

企业如果要想成功申请注册商标，必须防范可能遭遇的商标被抢注、被驳回或被异议等各种风险。企业在申请注册商标前，必须制定有效的商标注册策略，考虑清楚注册什么商标、在哪些商品上注册、在什么时候注册和在哪里注册等问题，这可以有效规避大部分商标注册风险。企业在申请注册商标过

程中,还应当从以下几个方面防范商标注册风险。

（一）遵循诚信原则

诚实信用原则,简称诚信原则,是民法的基本原则。诚信原则被许多学者称为"帝王条款"。诚实信用原则是市场经济活动的一项基本道德准则,是现代法治社会的一项基本法律规则。"商标法是规范市场秩序之法,本质上属于商事法。商标法的商事法和市场秩序法的性质,决定了诚实信用原则在商标法上具有更为重要的地位和作用。"[①]我国《商标法》第7条规定,申请注册和使用商标,应当遵循诚实信用原则。诚信原则已经贯穿在商标具体制度之中。《商标法》第4条规定,不以使用为目的的恶意商标注册申请,应当予以驳回。不以使用为目的恶意注册商标,主要目的就是囤积商标,奇货可居,违背了《商标法》的立法本意,因此是不诚信的体现。《商标法》第13条规定,就相同或者类似商品申请注册的商标是复制、摹仿或者翻译他人未在中国注册的驰名商标,容易导致混淆的,不予注册并禁止使用。就不相同或者不相类似商品申请注册的商标是复制、摹仿或者翻译他人已经在中国注册的驰名商标,误导公众,致使该驰名商标注册人的利益可能受到损害的,不予注册并禁止使用。复制、摹仿或者翻译他人的驰名商标,然后再进行商标注册,实际上就是为了傍名牌,让消费者产生混淆。这也是不诚信的体现。《商标法》第32条规定,申请商标注册不得损害他人现有的在先权利,也不得以不正当手段抢先注册他人已经使用并有一定影响的商标。实践中,有些商标注册申请人注册侵犯他人姓名权、肖像权、著作权、商号权、外观设计权的商标,或者恶意抢注他人已经使用并有一定影响的商标。这严重违背了诚实信用原则。乔丹体育股份有限公司向商标局申请注册"乔丹""QIAODAN"文字商标以及对应图形商标,于2002年4月16日获得核准,随后又将迈克尔·乔丹两个儿子的名字"杰弗里·乔丹"和"马库斯·乔丹"注册为商标。如果说乔丹体育股份有限公司是否侵犯迈克尔·乔丹的姓名权,是否攀附迈克尔·乔丹在中国的声誉仍然存在争议,那么该公司后续用迈克尔·乔丹孩子的名字继续注册所谓的"防御商标",明显侵犯了迈克尔·乔丹孩子的姓名权,明显是对"乔丹"商标注册这一前行为主观恶意证据的有力补强。这显然是违背诚实信用原则的。[②] 现实中,有些

---

① 张玉敏:《诚实信用原则之于商标法》,载《知识产权》2012年第7期。
② 周雷:《从乔丹商标案探寻商标权领域的善意原则》,载《法制日报》2016年5月11日第012版。

企业在申请注册商标时没有遵循诚实信用原则,这才导致企业申请注册商标被驳回或被异议。

(二)申请前商标查询

企业在申请注册商标前,必须进行商标查询。商标查询的主要好处:第一,通过商标查询,可以尽量避免申请与他人在同一种商品或者类似商品上已经注册的或者初步审定的商标相同或者近似的商标。第二,如果企业发现已经使用并有一定影响的商标被他人抢注,可以及时提起异议或用其他方式进行维权。如果企业拥有强大的商标管理部门,则可以自己进行商标查询工作,这样可以最大限度地排除商标注册信息中包含的商业信息被泄露。如果企业委托商标代理机构进行商标注册,通常商标代理机构在申请注册前都会进行商标查询。商标查询系统主要包括两类:一类是免费商标查询系统。国家知识产权局商标局官方网站(中国商标网)[①]提供免费的商标查询系统服务。在中国商标网首页点击商标查询栏目,再点击"我接受",出现一个界面,其上有六个栏目,包括"商标近似查询""商标综合查询""商标状态查询""商标公告查询""错误信息反馈""商品/服务项目"。在"商标近似查询"栏目,用户可以按图形、文字等商标组成要素使用近似检索功能,用户可以检索在相同或类似商品上是否已有相同或近似的商标。在"商标综合查询"栏目,用户可以按照商标号、商标、申请人名称等方式查询某一商标的有关信息。在"商标状态查询"栏目,用户可以通过商标号或注册号查询有关商标在业务流程中的状态。"商标公告查询"栏目提供商标公告查询。在"错误信息反馈"栏目,用户可以向商标局反馈有关错误信息。"商品/服务项目"栏目提供商品及服务项目的查询。

点击"商标近似查询"栏目,出现商标近似查询界面。用户可以选择"汉字"、"拼音"、"英文"、"数字"、"字头"或"图形"中的任何一种查询方式,然后在国际分类、类似群和商标名称中输入相应信息,即可查询到在同一种商品或者类似商品上已经注册的或者初步审定的商标。例如,2019年6月27日,在国际分类方框中输入42,并在商标名称方框中输入近期非常热的词"鸿蒙"进行检索查询,可以找到21件商标信息。华为技术有限公司有一条"鸿蒙"商标注册信息和两条"华为鸿蒙"商标注册信息。

另一类是付费商标查询系统。付费商标查询系统通常是知识产权数据公

---

[①] 国家知识产权局商标局,http://sbj.cnipa.gov.cn/。

司开发的,原始数据来源于国家知识产权局商标局,但是按照一定的条件对商标信息进行较精确的分类,因此能够满足更高要求的商标查询,并且可以对查询结果进行数据处理分析。如果只是做普通的商标查询,对精确度要求不高,不需要对查询结果做进一步处理分析,则不需要使用付费商标查询系统,使用中国商标网商标查询系统就足以应对。

无论是免费商标查询系统,还是付费商标查询系统,都存在盲期。从国家知识产权局商标局接受商标注册申请到录入数据库,需要一定的时间。在这个时间段内,已经申请但是没有录入系统的商标注册申请信息是无法查询的。国家知识产权局商标局不断提高效率尽力缩短盲期,中国商标网数据信息实时性已经得到显著改善,但要将盲期完全压缩不太可能。因此,商标查询不可能完全排除申请注册商标因为与他人在同一种商品或者类似商品上已经注册的或者初步审定的商标相同或者近似而导致被驳回的风险。

(三)应对驳回或异议

企业向商标局提交商标注册申请后,必须及时关注商标注册申请进展,针对不同情况采取应对措施。第一,应对商标驳回。企业商标申请被驳回后,应认真分析被驳回的原因,然后根据情况判断是否提出商标驳回复审。如果企业申请注册商标违反了《商标法》第10条商标禁用规定,通过商标驳回复审挽救商标申请的机会很少,但还是有机会。例如,企业申请注册的商标包含了县级以上行政区划的地名或者公众知晓的外国地名,如果企业能够提出该地名具有其他含义的有力证据,仍有可能挽救商标申请。如果企业申请注册商标违反了《商标法》第11条商标禁止注册的规定,也有机会通过商标驳回复审挽救商标申请。例如,企业用缺乏显著特征的标志申请注册商标,只要能够提出该标志已经经过使用取得显著特征并能够区别商品或服务来源的证据,申请注册商标依然可以注册成功。企业申请注册商标与他人在同一种商品或者类似商品上已经注册的或者初步审定的商标相同或者近似被驳回,分两种情况:全部驳回或部分驳回。如果是全部驳回,企业只能通过驳回复审予以挽救商标注册申请;如果是部分驳回,企业可以提出分割申请,也可以申请驳回复审。通常商标局向商标申请人发送《商标注册申请部分驳回通知书》的时候,会附送一份《商标注册申请分割申请》。第二,应对商标异议。企业申请注册商标被提起异议后应该怎么办?商标注册申请人(被异议人)应当根据异议理由积极应对,并根据商标局要求在收到商标异议材料副本之日起30日内答辩。如果商标注册申请人(被异议人)在限定期限内未作出答辩的,视为放弃异议答辩,不影响商标局作出决定。

（四）使用拟申请商标

企业对于拟申请注册商标，应当积极使用，并妥善保存使用证据。可以说绝大多数企业申请商标都是为了使用，关键就是使用的时间节点问题。很多企业都是在申请后开始使用申请商标，这样便于保护企业商业秘密。如果使用申请商标不会泄露企业商业秘密，企业可以考虑在申请前就使用拟注册商标。根据《商标法》第 31 条的规定，两个或者两个以上的商标注册申请人，在同一种商品或者类似商品上，以相同或者近似的商标申请注册的，初步审定并公告申请在先的商标；同一天申请的，初步审定并公告使用在先的商标，驳回其他人的申请，不予公告。因此，企业在申请前使用拟注册商标有重要作用。即便是在申请后开始使用申请商标，也会有重要意义。由于商标申请期限一般长达 2~3 年，即使提交申请时商标被认定为不具有显著性，经过 2~3 年的使用和宣传也有可能使商标的显著性达到法律要求。[1] 当然，如果拟申请商标与他人在先注册商标明显相同或近似，还是应当谨慎使用拟申请商标，避免涉及商标侵权行为。

## 第二节 企业受让取得商标权管理

### 一、企业受让商标概述

受让商标，是指通过企业受让他人商标从而取得商标权的法律活动。受让取得是企业继受取得商标权的主要形式。《商标法》第 42 条规定，转让注册商标的，转让人和受让人应当签订转让协议，并共同向商标局提出申请。我国商标权取得制度采用注册原则。经过国家知识产权局商标局核准注册的商标为注册商标，商标注册人享有商标专用权，受到法律保护。未注册商标受到的保护非常有限。依据《商标法》第 32 条的规定，只有"已经使用并有一定影响的商标"才受到一定程度的保护。因此《商标法》没有对未注册商标转让进行明确规定。对于市场主体来说，"法无禁止即可为"。对于"已经使用并有一定影响的商标"，如果企业认为值得受让，可以与未注册商标使用人签订转让协议。[2]

---

[1] 柴旭：《如何规避商标注册的风险》，载《中华商标》2009 年第 3 期。

[2] 本书以"注册商标"为研究对象。除非特别说明，否则不对未注册商标进行探讨。

受让取得商标权是企业快速获得商标权的重要途径。企业受让注册商标有三个方面优势：第一，提高获得注册商标专用权的成功率。商标转让申请相对于商标注册申请受到的限制较少，比较容易获得商标局的核准。企业申请商标注册，经常会被驳回或被他人提起异议，从而导致商标注册失败。第二，缩短取得注册商标专用权的时间。企业受让取得商标权，通常只需要6～10个月的时间。企业向商标局申请商标，至少需要1年以上时间才能够获得商标权。如果遇上商标驳回或商标异议程序，即便商标申请人应对得当，有惊无险，也将拉长获得商标权的周期。有些企业向商标局提出商标申请后，经常需要2～3年的时间才能取得商标权。第三，快速建立品牌优势。一般而言，企业受让商标的对象都是在市场上使用较长时间并有一定知名度的商标。因此，企业可以借助受让商标累积的商誉，加大宣传，建立品牌优势，从而迅速打开商品或服务市场。

## 二、企业受让商标的主要风险

尽管受让商标是企业获得商标权的重要途径，但是在受让商标过程中必须非常谨慎，防范商标受让风险。企业受让商标的主要风险来源包括以下方面。

（一）受让商标

企业受让注册商标时，必须关注受让商标自身是否存在问题。如果受让商标自身存在较多问题，有可能给商标受让人带来较大风险。

首先，受让商标的社会评价是否较高。企业通常是希望借助受让商标较强的显著性或较高的社会声誉快速建立品牌优势，否则不会轻易购买他人商标。如果受让商标不具备前述两点，至少也不能够有不良社会影响，否则企业受让商标后可能存在较大风险，除非企业对这样的风险已经有应对方案。

其次，受让商标是否是注册商标。通常情况下，企业会选择受让注册商标，这是毫无疑问的。特殊情形下，企业也可能会受让未注册商标，而未注册商标并不具有法律上的商标专用权，受让未注册商标是有较大风险的。

再次，如果受让商标是注册商标，受让商标的法律状态是否稳定。其一，受让商标是否存在可以被"撤销"或者被"无效"的情形。当注册商标阻碍了在后申请商标的注册时，在后商标申请人通常会对在先注册商标采取一定的措施以清除障碍。受让商标是否存在通用名称化情形。有些商标权人没有规范使用商标，或者对他人使用商标行为没有进行约束，导致注册商标通用名称化。有些商标注册人在注册商标后，没有及时使用该注册商标；

或者有些注册商标是被囤积商标营利的企业注册的,根本不可能在商业活动中被使用。这些都会导致注册商标被撤销。特别是在"撤销连续三年不使用注册商标"(简称"撤三")程序中,申请人仅需要提交形式上的"未使用证据"即可将连续3年未使用的证明责任转移给商标注册人,成本低廉,又极具效率。① 如果企业受让注册商标后,该商标又被"无效"或"撤销",既造成企业损失,又对企业经营产生不利影响。其二,受让商标的有效期限是否已经届满。注册商标是有期限的,自核准注册之日起10年。如果企业拟受让注册商标的有效期已经届满,但还在6个月的宽展期内,则必须续展之后再进行商标转让;如果过了6个月的宽展期,则不可能进行商标转让。其三,受让商标是否存在商标质押情形。商标转让人有可能为了获取资金,而将商标质押贷款。如果受让商标存在质押情形,又没有经过解押,则商标受让人将存在较大风险。如果商标质权人行使质权,商标受让人可能失去受让商标的商标权。其四,受让商标是否存在对外许可情形。如果存在对外许可并且已经在商标局备案,则可以对抗商标受让人,影响商标受让人后续使用受让商标。经过备案的独占许可对商标受让人的影响是最大的。其五,受让商标是否存在被法院冻结的情形。商标转让人可能与他人存在法律纠纷,从而导致转让商标的商标权被法院冻结。如果受让商标存在被法院冻结的情形,企业有可能无法获得受让商标的商标权。

最后,受让商标是否存在同一种商品上的近似商标,或者在类似商品上相同或者近似的商标。如果存在前述情形,并且都属于商标转让人,那么企业受让商标时,必须要求一并受让这些商标,否则将在很大程度上减损受让商标的经济价值。

(二)商标转让人

企业受让注册商标时,必须关注商标转让人是否有权转让商标,明确商标转让意思表示是否真实。

首先,商标转让人是否是真正的商标权人。实践中存在非法转让他人商标的现象。"非法转让商标"是指以盗用、伪造他人印章,假冒他人签名的方式,并向商标局办理转让申请手续,将他人商标转让给自己或第三者的违法行为。② 非法转让商标案频频发生。例如,第1034474号"明伟MINGWEI"注册商标非法转让案。2005年6月7日,国家工商行政管理总

---

① 杨霖:《受让商标时应注意"撤三"风险》,载《中华商标》2016年第8期。
② 廖俊敏:《非法转让商标当止》,载《中华商标》2005年第11期。

局商标局核准将晋江明伟鞋服有限公司拥有的第 1034474 号"明伟 MINGWEI"注册商标核准转让给张聪伟。实际上,晋江明伟鞋服有限公司并未转让该商标,而是他人用伪造的晋江明伟鞋服有限公司章戳与张聪伟签署商标转让合同。晋江明伟鞋服有限公司起诉被告国家工商行政管理总局商标局,要求撤销商标转让核准行为。北京市第一中级人民法院判决被告国家工商行政管理总局商标局于本判决生效之日起 60 日内在《商标公告》上刊登公告,撤销将第 1034474 号"明伟 MINGWEI"注册商标转让给第三人张聪伟的行政行为。[1]

其次,商标转让人是否独自享有商标权,是否存在共有人。《商标法》第 5 条规定,两个以上的自然人、法人或者其他组织可以共同向商标局申请注册同一商标,共同享有和行使该商标专用权。共有又可以分为"按份共有"和"共同共有"。如果两个以上的自然人、法人或者其他组织签订协议按照确定的份额对商标权分享权利和承担义务,则属于"按份共有"商标权。如果共有人基于共同生活、共同劳动关系不分份额地对商标权享有共同的权利,承担共同的义务,则属于"共同共有"商标权。《商标法》对商标权共有进行了规定,但是对共有商标权能否进行分割与份额的转让未作明文规定。[2]如果商标转让人是共有人,未经过全部共有人同意,则企业受让该商标是存在较大风险的。

最后,商标转让人意思表示是否真实。意思表示真实是商标转让合同成立的基本要件。如果商标转让人意思表示不真实,即商标转让人表现于外部的意思与其内心的真实意思不一致,即便商标转让经过了商标局核准,事后仍会存在商标转让合同被法院撤销或无效的情形。商标转让人意思表示不真实的情形包括虚假表示、误解、欺诈、胁迫、乘人之危等。

## 三、企业受让取得商标权的风险管理

(一)查询商标法律状态

企业在受让商标之前,必须通过中国商标网查询受让商标的法律状态。为确保查询精确性,可以从两个栏目进行查询。第一,通过"商标查询"栏目进行查询。点击"商标查询",然后选择"我接受",再选择商标综合查询。例如,

---

[1] 参见北京市第一中级人民法院〔2005〕一中行初字第 844 号判决书。
[2] 汪泽:《共有商标权的分割与份额的转让》,载《中国工商管理研究》2002 年第 11 期。

以"小米"作为商标名称检索查询,可以发现带有"小米"两字的商标记录有3798条。① 浏览3779条"小米"商标记录,可以发现,在大名鼎鼎的小米科技有限公司申请"小米"商标之前,已经有许多含有"小米"两字的商标。2010年4月21日,小米科技有限公司才在第9类申请注册第8228211号和第8228222号"小米",以及在第9类、第35类、第38类和第42类分别注册了2个"小米手机"商标。

2018年7月20日,慈溪市泉力智能科技有限公司在第14类申请注册"小米悠品"文字商标,但商标状态显示无效。再查看"小米悠品"的商标流程,可以发现该商标申请被驳回,并且驳回复审也没有获得支持。如果有人伪造"小米悠品"的商标注册证,将其权利人写成小米科技有限公司,再将该商标予以转让给他人,而受让人没有进行商标查询即签订合同受让该商标,且相关商标转让手续又委托他人转让方办理,则会导致重大损失。如果受让人在受让前进行查询,则很容易发现"小米悠品"商标的申请人是慈溪市泉力智能科技有限公司,且该商标并未注册成功。

第二,通过"商标公告"栏目进行查询。根据《商标法实施条例》第96条的规定,商标局会定期发布《商标公告》,刊发商标注册、商标质押、商标转让和移转等事项。在国家知识产权局商标局官网首页(中国商标网)点击"商标公告",出现"商标公告"初级检索界面,可进入"公告期号"查询,也可选择"点此进入全部公告查询检索",进入高级检索界面。在高级检索界面,有"公告期号""公告类型""商标名称""类别""注册号""申请人""代理人""申请日期""商标形式""商标类型""共有人"等选项,将受让商标的详细信息输入,可精准查询到受让商标所有的公告信息,包括商标注册、商标转让/移转、商标使用许可备案、商标质权登记、注册商标注销等公告。

通过查询受让商标的法律状态,可以确定受让商标的法律状态是未注册、正在申请注册或已注册。如果企业愿意受让未注册或正在申请注册的商标,一般而言都能够预见相应的风险,自然也愿意承担相应的风险。如果企业受让注册商标,可通过查询发现受让商标是否存在许可、质押或冻结情形,从而采取相应措施降低风险。如果受让商标存在许可情形,企业可以评估许可类

---

① 中国商标网:《小米商标注册信息》,http://wsjs.saic.gov.cn/txnRead01.do? dRm-FctOl=qmMEfBmGOrbKG2tznydmxTcru4.10.rkMTa4Ev1dtDzT743DETUNWRyN.TmkEbfXomqc07uajMvlMPDDZVZZ6ql26q8hMac4tU03TS15iIt0YSK3xmUfEjZepRw7g6Ke8m9q4fKGYsmbH7so6Lh_Og16qqC,最后访问日期:2019年10月5日。

型和许可期限的影响,决定是否与商标转让人签订商标转让合同。如果受让商标存在质押情形,并且已经在商标局备案,企业可以要求商标转让人解除商标质押,然后签订商标转让合同。如果受让商标存在法院冻结情形,企业应当要求商标转让人向法院申请解冻商标,否则不应当签订商标转让合同。通过查询受让商标的相关信息,并且让专业机构进行评估,企业也能够大致了解受让商标是否存在"撤销"或"无效"风险,从而尽量规避风险。

(二)确保商标转让意思表示真实

企业受让商标时,将商标转让人提供的商标注册证与中国商标网上的信息进行核对,确保商标转让人是真实的商标权人。当商标转让人是自然人时,商标受让人必须要求商标转让人提供能够证明身份的相关证件,并且协议中约定商标转让行为属于自愿行为,意思表示自由。当商标转让人是公司或其他类型企业时,商标受让人必须核实商标转让人的章程对商标权转让有没有限制。如果商标转让合同明显违背商标转让人章程的规定,商标转让协议可能被认定为商标转让人意思表示不真实,导致商标转让协议的效力存在不确定性。商标权对于任何企业来说都是重要的无形资产,如果商标转让人的章程没有限制,则商标受让人必须要求商标转让人提供股东(大)会决议或主管部门同意转让的文件,若没有,商标转让协议也有可能被认定为意思表示不真实。在商标转让协议中,必须明确本次商标转让已经过股东(大)会决议,并且符合商标转让人的章程规定。[①]

企业受让商标时,必须确保商标转让协议和商标转让申请文件上的签字或章戳与当时申请商标注册文件上的签字或章戳保持一致。如果商标转让人是从商标注册人处受让商标的,则保持签字或章戳一致会更复杂一些,但是基本方法是一致的。实践中,一旦发生商标转让纠纷,商标权人都以国家知识产权局商标局未实质审核商标转让申请文件上的签字或章戳与商标申请注册时的签字或章戳是否一致,从而导致商标被非法转让为由,向法院提起行政诉讼。通常情况下,法院也会支持商标权人的这项理由,并撤销国家知识产权局商标局的核准转让行为。如果商标转让人是企业,一般有很多人可以接触到企业章戳。如果能够接触到章戳的人偷偷转让商标,那之后被认定转让协议无效的可能性非常大。企业受让商标时,必须要求商标转让人的法定代表人或其授权代表签字,并且授权代表人签字,还得提供法定代表人签字的授权书。

---

① 宫江涛:《商标权转让程序中的法律风险提示及规避》,https://www.sohu.com/a/193464473_99980865,最后访问日期:2019年6月30日。

## (三)符合法律规定的商标转让程序

企业受让商标的所有程序必须符合法律规定。我国《商标法》对商标转让规定了两个条件:第一,转让注册商标的,商标注册人对其在同一种商品上注册的近似的商标,或者在类似商品上注册的相同或者近似的商标,应当一并转让。商标的主要功能是区分商品或服务的来源。防止消费者因为商标的使用行为而对商品来源发生混淆,成为《商标法》最基本的目标。[①] 在商标注册审查阶段,商标局对申请注册商标进行严格审查的主要目的,就是防止出现两个不同主体在相同或类似商品上拥有相同或近似的商标,从而避免造成商标混淆。这也是《商标法》规定商标注册人对其在同一种商品上注册的近似的商标,或者在类似商品上注册的相同或者近似的商标应当一并转让的原因。如果商标转让人违反该规定,则商标局不会核准商标转让申请。第二,商标转让人和商标受让人应当签订商标转让协议,并共同向商标局提出申请。国家知识产权局商标局核准商标转让,将予以公告。商标受让人自公告之日起享有商标专用权。尽管国家知识产权局商标局是否核准商标转让,不会影响商标转让协议的效力,但是如果商标转让得不到核准,商标受让人是不能获得商标专用权的。

## (四)明确商标转让人配合义务

商标受让人要想顺利获得商标专用权,必须在商标转让协议中明确约定商标转让人的配合义务。首先,商标转让人必须配合商标受让人办理商标转让相关事宜。国家知识产权局商标局在核准商标转让时,会要求商标转让人提供转让申请书、营业执照等相关文件。其次,商标转让人在转让商标过程中收到撤销或无效宣告申请的相关文件,有及时通知商标受让人的义务。在商标转让被核准之前,国家知识产权局商标局还是会将商标相关的所有事项通知商标转让人。再次,商标转让核准之后,如果受让商标被提起撤销或无效宣告,商标转让人必须协助提供商标使用或其他相关证据材料,也可以要求商标转让人在履行商标转让合同时一并将商标使用或其他证据予以转交给商标受让人。最后,商标受让人应当在转让协议中约定,商标转让人立即停止使用商标,不得再申请与受让商标相同或相似的商标。

---

① 邓宏光:《商标混淆理论之新发展:初始兴趣混淆》,载《知识产权》2007年第3期。

# 第三节 企业移转取得商标权管理

## 一、商标权移转概述

我国《商标法》只对转让注册商标进行了规定,没有对转让以外的商标权变更进行规定。《商标法实施条例》第32条规定,注册商标专用权因转让以外的继承等其他事由发生移转的,接受该注册商标专用权的当事人应当凭有关证明文件或者法律文书到商标局办理注册商标专用权移转手续。注册商标专用权移转的,注册商标专用权人在同一种或者类似商品上注册的相同或者近似的商标,应当一并移转;未一并移转的,由商标局通知其限期改正;期满未改正的,视为放弃该移转注册商标的申请,商标局应当书面通知申请人。商标移转申请经核准的,予以公告。接受该注册商标专用权移转的当事人自公告之日起享有商标专用权。

商标移转是指因转让以外的其他事由发生的商标权变更。商标移转的主要形式包括:①第一,因商标权人死亡继承商标的。商标权人死亡,其继承人可以根据《继承法》的相关规定继承商标权。第二,商标权人因分立、合并或改制等原因消亡后,分立、合并或改制后的企业需要办理商标权过户的。第三,企业破产后由清算小组将破产企业的商标权移转给他人的。这里的他人既包括自然人,也包括法人。第四,依据生效的法律文书对注册商标强制执行办理移转的。第五,其他情形。例如,商标权赠与。商标权人可以将自己拥有的商标权赠与自然人或法人。

## 二、企业移转取得商标权的风险

企业改制、企业分立、企业合并、破产清算、赠与或依据生效法律文书强制执行是相关企业移转取得商标权的主要途径。依据生效法律文书对注册商标强制执行办理移转几乎没有风险。通过企业改制、企业分立、企业合并、破产清算、赠与等方式移转取得商标权有一定的风险,但是相对于商标转让而言风险较小。

企业改制是指依照《公司法》及其相关法律规定,将国有企业、集体企业改

---

① 张诚:《商标"一号两证"咋回事》,载《中华商标》2008年第8期。

组为有限责任公司或股份有限责任公司等现代企业的法律活动。企业改制通常是指企业所有制的改变。企业改制的关键问题是转变经营机制和创新企业制度,以便促进企业健康发展。通常情况,改制后企业将概括承继改制前企业的所有权利义务,包括所有专利、商标等知识产权。2009年7月,湖南省国有资产管理委员会及安化县人民政府批准,将湖南省安化县渣滓溪锑矿改制成湖南安化渣滓溪矿业有限公司。①湖南安化渣滓溪矿业有限公司通过移转取得了湖南省安化县渣滓溪锑矿的第291156号华峰商标。2010年10月20日,商标局予以核准,并在第1236期《商标公告》上予以商标转让/移转公告。改制后企业承继改制前企业商标权的主要风险在于:第一,企业改制时间有可能比较漫长,在改制过程中,是否及时续展商标权。第二,改制前企业与改制后企业是两个不同主体,改制后企业承继商标权是否及时办理相关手续。

企业分立包括存续分立和解散分立。在存续分立中,原企业继续存在,并成立一个以上新企业。在解散分立中,原企业解散,并成立一个以上新企业。分立后新成立企业承继原企业商标权的主要风险在于不确定分立协议是否对商标权约定清楚。企业合并包括吸收合并和新设合并。在吸收合并中,一个企业吸收其他企业,被吸收企业解散。在新设合并中,两个以上企业合并新设立一个企业,原企业解散。合并后存续企业或新设企业承继被吸收企业或被解散企业商标权原则上没有问题,主要风险在于合并过程可能比较漫长,因为疏忽没有及时续展商标权或没有及时办理商标权变更手续。

破产企业进行清算时,其他企业有两种途径可以获得破产企业的商标权:第一,作为破产企业债权人,特别是对破产企业商标权享有优先受偿权的债权人,经过债权人会议同意以商标权作为受偿物。《企业破产法》第112条第1款规定,变价出售破产财产应当通过拍卖进行。但是,债权人会议另有决议的除外。第114条规定,破产财产的分配应当以货币分配方式进行。但是,债权人会议另有决议的除外。也就是说,经过债权人会议同意,商标权可以不经过拍卖,并且直接进行变价分配。如果债权人的债权刚好与破产企业商标权的评估价值相当,并且对破产企业商标权享有优先受偿权,则可以经过债权人会议同意,直接以商标权进行受偿。第二,破产清算组或破产管理人拍卖出售商标权时,其他企业通过拍卖收购破产企业商标权。无论采用哪一种方式,获得

---

① 湖南省安化县人民政府官网:《湖南安化渣滓溪矿业有限公司简介》,http://www.anhua.gov.cn/ahmh/16/2409/2430/2438/2439/content_83562.html,最后访问日期:2019年9月14日。

破产企业商标权的主要风险包括两点：一是获得破产企业商标权的程序风险；二是破产企业商标的社会声誉不佳。石家庄三鹿集团股份有限公司的第382414号"三鹿"奶粉商标曾集中国驰名商标、免检产品、中国名牌等众多荣誉于一身，商标价值曾经高达150亿元，但是三聚氰胺事件发生后，"三鹿"奶粉商标价值严重受损，最终仅以730万元被浙江三鹿实业有限公司拍卖收购。① 甚至有业内人士认为实际上"三鹿"品牌价值已经归零。

企业可以接受他人赠与获得商标权。尽管赠与合同是单务、无偿合同，受赠人不需要支付对价，风险相对较小，但是受赠人仍然要谨慎应对，避免产生不必要的风险。企业通过赠与方式接受商标权，必须注意以下问题：第一，赠与人是否有权赠与商标。赠与人必须是真正的商标权人，不能够通过盗用、伪造他人印章非法赠与他人商标。赠与人是否独自享有商标权，是否存在商标权共有人，都会影响到赠与的效力。第二，赠与商标意思是否真实。赠与人赠与商标的意思表示必须是真实的，不存在虚假表示、欺诈、胁迫等情形。第三，赠与人有没有存在债务危机。如果赠与人有到期未清偿的债务，但是仍然无偿将商标权赠与他人，给债权人造成损害的，债权人可以请求法院撤销赠与行为。第四，赠与合同是否附义务。如果赠与附有义务，受赠人应当按照约定履行义务，否则赠与人可以撤销赠与。

### 三、企业移转取得商标权的风险防范

#### （一）查询商标法律状态

通过企业改制、企业分立、企业合并、破产清算或依据生效法律文书强制执行等途径获得商标权，相对来说商标权的权属是比较确定的，可以不查询商标法律状态，但是对于通过赠与途径获得商标权，受赠企业必须查询商标法律状态，确定赠与人必须是真正的商标权人，是否存在商标权共有人。如果受赠商标存在商标权共有人，则必须确保所有商标权共有人都同意赠与，否则应拒绝接受赠与，以免产生不必要的纠纷。

#### （二）依法及时办理商标权移转

企业改制、企业分立、企业合并程序比较烦琐，期限相对来说都比较漫长，必须关注商标权是否到期，是否及时进行商标权续展。在企业分立、企业合并

---

① 腾讯网：《"三鹿"商标神秘买家静默四年　只为量身定做重返江湖》，https://new.qq.com/cmsn/20131211/20131211013047，最后访问日期：2019年5月1日。

协议中,必须明确规定商标权的归属问题,为商标权移转留下合法证据。通过破产清算途径获得商标权,所有程序必须符合《企业破产法》的相关规定。通过企业改制、企业分立、企业合并、破产清算、赠与或依据生效法律文书强制执行等途径获得商标权,必须依法及时办理商标权移转手续。

# 第三章　企业商标运用管理

企业商标运用包括商标使用、商标许可、商标质押、商标证券化、商标出资等商标活动。本章对企业商标使用、企业商标许可、企业商标质押、企业商标证券化、企业商标权出资的概念进行了界定,并且对这些商标运用活动存在的风险及其防范作了较深入的阐述。

## 第一节　企业商标使用管理

### 一、商标使用的界定

商标使用是商标法领域的核心概念之一,贯穿于整个商标法律制度。商标使用概念有狭义和广义之分。狭义的商标使用,是指将商标用于商品、商品包装或者容器以及商品交易文书上,或者将商标用于广告宣传、展览等商业活动中,用于识别商品来源的行为。我国《商标法实施条例》第63条规定,使用注册商标,可以在商品、商品包装、说明书或者其他附着物上标明"注册商标"或者注册标记。广义的商标使用则包括商标质押、商标许可、商标证券化、商标权出资等其他商标运营活动。

狭义的商标使用是本节研究的主要对象。[①] 在商标法实践中,商标注册、商标撤销、驰名商标认定、商标侵权纠纷案件的判决都与商标使用密切相关或必须以商标使用事实作为重要依据。商标使用是赋予商标生命力的唯一途径。商标只有经过不断使用,才能让消费者所熟悉,并且让消费者将商标与其标识的商品或服务联系起来,获得知名度和影响力。[②] 从《商标法》第48条的

---

[①] 如果没有特别说明,本书的商标使用都是狭义的。广义的商标使用实际上与商标运用的外延基本一致。2016年12月30日,国务院印发了《"十三五"国家知识产权保护和运用规划》。因此,本书用"企业商标运用管理"作为章名,并不是标新立异。

[②] 吴茂新、刘祥:《商品商标常见使用证据的种类及其有效性》,载《中华商标》2018年第1期。

规定可以看出,商标使用包括两个方面的内容:第一,商标使用范围。即商标权人或经过商标权人许可的人将商标用于商品、商品包装或者容器以及商品交易文书上,或者将商标用于广告宣传、展览以及其他商业活动中。第二,商标使用功能。商标用于识别商品来源。依据该条法律规定,只有符合商品使用范围和商品使用功能两个方面的要求才属于商标法意义上的商标使用。

在实践中,商标使用的判断标准主要包括商标使用意图、范围、对象、功能和地域五个方面。[①] 商标使用意图标准是指在判断是否属于商标使用时,将企业使用商标意图作为判断的因素。美国《兰哈姆法》就将"基于使用商标之意图"作为商标申请注册的重要条件。我国《商标法》第4条规定,"不以使用为目的的恶意商标注册申请,应当予以驳回"。这是我国修订《商标法》时新增加的规定,主要目的是遏制不以使用为目的的商标囤积活动。商标使用范围标准是指在判断是否属于商标使用时,将在商业活动中公开、真实使用商标作为判断的因素。顾名思义,商业活动的基本内涵是指企业以营利为目的将商品或服务投入市场,让消费者有机会接触并了解该商品或服务,使得经营者和消费者之间有机会发生商业交易的活动。[②] 商标使用对象标准是指在判断是否属于商标使用时,将商标是否在商品或服务对象上使用作为判断的因素。企业应当将商标使用在核定使用的商品或服务上。商标使用功能标准是指在判断是否属于商标使用时,将商标是否起到识别商品或服务的功能作为判断的因素。商标使用地域标准是指在判断是否属于商标使用时,将是否在商标注册地域使用作为判断因素。商标权作为一种法律授予的专有权,受到地域限制。

## 二、商标使用的目标

任何企业都想通过商标使用,将企业拥有的商标打造成家喻户晓的驰名商标,这是企业使用商标的主要目标。驰名商标的优势是可以获得比普通商标更强有力的保护。可以说,不想打造驰名商标的企业要么是空壳企业,要么是只想囤积商标转让获利的企业。要想成为驰名商标,必须经过商标局或法院的认定。当前,我国驰名商标采取被动认定原则。驰名商标应当根据当事人的请求,作为处理涉及商标案件需要认定的事实进行认定。在商标注册审

---

① 刘毅:《商标使用及其判断标准省思》,载《知识产权》2018年第4期。
② 王煜佳:《对商标使用的界定标准之"商业活动"的理解》,载《中华商标》2018年第7期。

查、市场监督管理部门查处商标违法案件过程中,当事人依照《商标法》第13条之规定主张权利的,国家知识产权局商标局根据审查、处理案件的需要,可以对商标驰名情况作出认定。在商标争议处理过程中,当事人依照《商标法》第13条之规定主张权利的,商标评审委员会根据处理案件的需要,可以对商标驰名情况作出认定。在商标民事、行政案件审理过程中,当事人依照《商标法》第13条之规定主张权利的,最高人民法院指定的人民法院根据审理案件的需要,可以对商标驰名情况作出认定。认定驰名商标应当考虑下列因素:第一,相关公众对该商标的知晓程度;第二,该商标使用的持续时间;第三,该商标的任何宣传工作的持续时间、程度和地理范围;第四,该商标作为驰名商标受保护的记录;第五,该商标驰名的其他因素。

任何企业通过商标使用,都可以将企业拥有的商标打造成家喻户晓的驰名商标吗?不一定。并不是所有商标经过使用都可以成为驰名商标。据联合国工业计划署调查,世界上高信誉商标在整个产品商标中所占的比例不超过3%,但其市场份额占整个世界商品市场份额的40%以上。① 一个驰名商标就可以撑起一个知名品牌。英国知名品牌价值资讯公司Brand Finance公布了《2019年全球品牌500强》报告,亚马逊一如既往地将"全球最具价值品牌"的头衔收入了囊中,亚马逊的品牌价值比2018年增长了25%,达1879亿美元。2019年全球品牌前10名分别是亚马逊(Amazon)、苹果(Apple)、谷歌(Google)、微软(Microsoft)、三星、美国电话电报公司(AT&T)、脸书(Facebook)、中国工商银行、威瑞森电信(Verizon)、中国建设银行,其中有2个中国品牌。2019年全球品牌前20名中,有9个中国品牌。华为排在第12位。② 这些品牌都是驰名商标,价值连城。

### 三、企业商标使用的风险

企业在使用商标过程中,必须谨慎小心,避免产生不必要的风险。我国《商标法》第49条规定,商标注册人在使用注册商标的过程中,自行改变注册商标、注册人名义、地址或者其他注册事项的,由地方市场监督管理部门责令限期改正;期满不改正的,由商标局撤销其注册商标。注册商标成为其核定使

---

① 王莲峰:《商标法学》,北京大学出版社2014年第2版,第153页。
② 十大品牌网:《2019〈财富〉世界500强企业名单发布 2019年全球500强排行榜完整版》,https://www.maigoo.com/news/524108.html,最后访问日期:2019年10月5日。

用的商品的通用名称或者没有正当理由连续3年不使用的,任何单位或者个人可以向商标局申请撤销该注册商标。《商标法》第56条规定,注册商标的专用权,以核准注册的商标和核定使用的商品为限。因此,企业商标使用的主要风险包括以下几种。

(一)不规范使用商标

不规范使用商标是指商标注册人在商标使用过程中自行改变注册商标、注册人名义、地址或者其他注册事项的,或者没有在核定使用的商品或服务上使用的情形。企业不规范使用商标的具体情形包括:第一,主体不规范。企业进行分立、合并、改制或更名后,没有履行商标权移转手续,直接使用原企业注册的商标。这属于商标权主体的"当变不变"情形。企业形态没有发生变化,在使用注册商标过程中,自行改变了商标注册人的名义。有些企业自行将注册商标转让给他人,并以他人名义进行使用。这属于商标权主体的"不当变而变"。第二,商标不合法。在使用注册商标过程中,必须以核准注册的商标为准,即企业在经营活动中使用的商标必须与商标局核准的商标保持一致。商标注册人自行改变注册商标的文字、图形、颜色或其组合,或者在商标权有效期满后没有申请续展,仍然继续使用并加注注册商标标记的行为属于不规范使用商标的行为。第三,商品(服务)不合法。企业使用注册商标,必须以商标局核定的商品或服务为准,如果超出核定使用的商品或服务范围使用其注册商标,仍然加注注册商标标记,则属于不规范使用商标。

(二)连续3年不使用被撤销

连续3年不使用被撤销是指商标注册人在注册商标后,没有正当理由连续3年不使用,导致商标被撤销。《商标法实施条例》第67条明确规定:"下列情形属于商标法第四十九条规定的正当理由:(一)不可抗力;(二)政府政策性限制;(三)破产清算;(四)其他不可归责于商标注册人的正当事由。"除此之外,商标注册人如果连续3年不使用商标,则任何单位或者个人可以向商标局申请撤销该注册商标。通常而言,商标注册人在商标注册成功之后,为了防止商标被撤销,都会有一些使用行为。最大的风险在于,商标注册人认为自己使用了商标,但是发生商标纠纷时,国家知识产权局或司法部门将商标注册人的商标使用行为认定为不属于《商标法》意义上的使用。例如,商标注册人没有在商业活动中使用注册商标,或者在使用商标时没有让商标发挥区分商品或服务来源的作用。司法实践中商标使用的实质性判断标准,是指在指定期间将诉争商标用作商品或服务的标识,发挥了其识别商品或服务来源的作用,在商标权利人的控制下对商标进行了公开、合法、真实的使用,即可认定该商标已经使用。①

(三)注册商标退化为通用名称

非驰名商标由于知名度不高,通常很难退化为商品或服务的通用名称。驰名商标由于知名度很高,消费者或使用者经常无意识地将驰名商标作为商品或服务的通用名称,从而使得驰名商标退化为其核定使用的商品或服务的通用名称。注册商标退化为通用名称的主要原因包括:第一,商标本身显著性较弱。我国《商标法》第11条规定了不得作为商标注册的描述性标志,但又规定描述性标志经过使用获得显著特征后,便于识别的,可以作为商标注册。这些描述性标志即便获得商标注册,成为通用名称的可能性仍然非常大。第二,商标被当作通用名称使用。商标权人不规范使用商标,将注册商标作为商品的通用名称使用;商标权人的竞争对手有意或无意地将商标权人的商标作为通用名称使用。这都会导致消费者慢慢地将商标与商品通用名称等同。消费者也有可能因为不知道商品名称,或者商品名称拗口,或者出于使用便利,直接将商标作为通用名称来使用。例如,Google是一个使用在搜索引擎上的注册商标,在"He ego-surfs on the Google search engine to see if he's listed in the results"这句英文中,Google是作为商标使用的。在同样意思的"He googles himself"这句英文中,Google是作为搜索含义使用的。如果长期将Google作为搜索含义使用,则Google将退化为通用名称"搜索"。这是Google公司不希望看到的。第三,被公开出版物界定通用名称。公开出版物,特别是字典,将商标描述为某种产品的通用名称,则该商标被界定为通用名称的风险非常大。在美洲饮料公司诉原国家工商总局商标评审委员会注册商标行政纠纷案中,法院将"Guarana"认定为饮料作物的通用名称,主要依据是商务印书馆发行的《新西汉词典》以及旅游教育出版社出版发行的《简明拉丁美洲文化词典》都把"Guarana"的解释为较咖啡更具兴奋性的饮料作物,原产南美巴西。②

深圳市朗科科技股份有限公司(简称"朗科公司")于1999年开发出全球第一款USB闪存盘,成功开创了全球闪存盘行业。1999年8月23日,朗科公司在第9类计算磁盘、计算机存储器、盘(有磁性的)、软盘、光盘、计算机周

---

① 张鹏:《〈商标法〉第49条第2款"注册商标三年不使用撤销制度"评注》,载《知识产权》2019年第2期。

② 北京市第一中级人民法院〔2006〕一中行初字第436号行政判决书。

边设备、读出器(数据处理设备)、磁盘驱动器(电脑)、数据处理设备等商品上向商标局申请了第1509740号"优盘"商标,并于2001年1月21日获核准注册。2002年7月23日,北京华旗资讯数码科技有限公司(简称"华旗公司")在第9类计算磁盘、数据处理设备、计算机存储器等商品上向商标局申请了第3251182号优盘商标,但因为朗科公司的第1509740号"优盘"商标未通过实质审查,2002年10月18日,华旗公司对朗科公司拥有的第1509740号"优盘"商标向商标评审委员会提出撤销申请,以争议商标属于通用名称为理由请求撤销"优盘"商标。2004年10月13日,商标评审委员会作出商评字〔2004〕第5569号《关于撤销第1509704号"优盘"商标争议裁定书》,认定第1509704号"优盘"商标为商品通用名称,予以撤销注册。① "优盘"的"盘"字在0901类商品上就是对存储器的描述,而"优"字根据现代汉语理解就是优秀、优良的意思,"优秀的存储盘"就是对产品质量、功能和用途的描述,这是该商标被淡化的内因。"优盘"符合《商标法》第11条第1款第2项仅仅直接表示商品的质量、功能和用途的特点。当然这并不是"优盘"被撤销的决定性因素。朗科公司在使用"优盘"商标时没有特意强调其商标属性,同时对竞争对手、经销商和消费者将优盘作为商品通用名称使用也未予以制止。这是导致商标评审委员会将"优盘"商标认定为商品通用名称的最关键原因。尽管在爱国者数码科技有限公司(原华旗公司)于2011年7月11日撤回对朗科公司注册的第1509704号"优盘"商标的撤销申请后,商标评审委员会作出商评字〔2004〕第5569号重审第270号关于第1509704号"优盘"商标争议裁定作废的决定,②朗科公司历经曲折总算保住了第1509704号"优盘"商标,但是朗科公司使用"优盘"商标的教训值得警惕。

### 四、企业商标使用的风险防范

(一)规范使用注册商标

企业在使用注册商标时,必须严格遵守法律规定,在核定使用的商品或服

---

① 深圳证券交易所官网:《关于"优盘"商标被裁定撤销注册公告》,http://www.szse.cn/disclosure/listed/bulletinDetail/index.html?1ffa76bf-97a0-4f65-95ad-25ca86e6b988,最后访问日期:2019年9月13日。

② 深圳证券交易所官网:《关于"优盘"商标诉讼进展的公告》,http://www.szse.cn/disclosure/listed/bulletinDetail/index.html?a08fdbf1-599d-40d5-bd98-401c98b7f9c8,最后访问日期:2019年9月13日。

务上使用核准注册的商标,并且不随意改变注册商标、注册人名义、地址或者其他注册事项。企业分立、合并、改制或更名后,承继商标权的企业应当及时履行商标权移转手续。企业在使用注册商标时,最好在商品、商品包装、说明书或者其他附着物上标明"注册商标"或者注册标记®和©。注册标记,应当标注在商标的右上角或者右下角。

(二)保留商标使用证据

企业在商标使用过程中,应当注重保留相关证据。有效的商标使用证据通常都需要满足以下要素:①第一,能够显示出使用的商标标志。第二,能够显示出商标使用的商品或服务项目。第三,能够显示出商标的使用主体,既包括商标权利人自己,也包括商标权利人许可的他人。第四,能够显示商标使用的时间。第五,能够证明商标使用的地域范围。只有包含这些要素的商标使用证据,才能够在商标维权时起到重要作用。如果缺少个别要素的商标使用证据,也不见得完全无效,但必须与其他证据相结合才能发挥作用。

企业商标使用证据主要包括:②第一,商品生产过程中形成的商标使用证据。商品生产过程对商标的使用主要指将商标标识附着于相关产品上,附着于相关产品包装物、容器、说明书、合格证、质保卡、抽检单、入库单等,以及附着于相关产品生产场所的固定物、工人的衣物等行为。第二,商品销售过程中形成的商标使用证据。商品制造企业或其销售公司应在商品销售合同、销售发票、进出口检验检疫证明、报关单据以及运输合同中将商标标识视为与商品名称同等重要,将商标标识明确标注在合同和发票上。第三,商品售后形成的商标使用证据。商品销售后,可以通过对商品使用地的走访,获取有关商品使用现状的视频、照片等证据材料;可以通过对商品使用人的问卷调查,获取有关商品质量、性能等方面情况的纸质或电子证据材料。第四,商品宣传推广过程中形成的商标使用证据。通过报纸、刊物、电视、广播、灯箱、路牌、大型户外设施等传统广告媒体、互联网和自媒体等新媒体、展会、自制宣传材料等形式宣传产生的商标使用证据。第五,其他活动中的商标使用证据。例如,商标评定、商品检验、商品评奖等事项所形成的商标使用证据。

---

① 马丽华:《企业商标档案管理系统必不可缺》,载《中国贸易报》2015 年 4 月 23 日第 6 版。

② 吴茂新、刘祥:《商品商标常见使用证据的种类及其有效性》,载《中华商标》2018 年第 1 期。

(三)防止驰名商标退化

企业非常规范地使用注册商标,并且完整地保存了商标使用证据,还将普通商标打造成了驰名商标。这是否意味着企业就可以高枕无忧地享受驰名商标带来的巨大经济利益?答案是否定的。企业仍然必须保持警惕,要防止驰名商标退化为通用名称。防范措施主要包括:第一,商标与商品名称必须同时使用。企业在使用商标时,特别是在新开发的商品上,必须将商标与商品名称同时使用,并且将商标以更醒目的状态使用,防止消费者将商标误认为商品名称。这样即便商标成为驰名商标后,企业也不用担心商标退化为商品通用名称。"邦迪"创可贴就是一个很好的教训。"邦迪"创可贴,一度因其广泛的市场占有率,消费者几乎将"邦迪"当成了创可贴的代名词,有沦为通用商标的风险。强生公司意识到"邦迪"商标将退化成通用名称的风险后,把经典广告词"我爱上了'邦迪'"改成了"我爱上了'邦迪'商标",以提醒大众"邦迪"的商标属性。这有效

图 3-1　百度商标

防止了"邦迪"商标退化成通用名称。① 有些企业在使用商标时,不是非常谨慎,有可能会助推商标成为通用名称。百度搜索引擎是全球最大的中文搜索引擎,但是百度公司在使用"百度"时也有点不谨慎,打开百度搜索引擎界面,直接就看到"百度一下"。"百度"来自八百年前南宋词人辛弃疾的一句词"众里寻他千百度",本身没有动词的意思。然而,现在"百度一下"已经成为中国人的一个口头禅。如果长此以往,"百度"总有一天会变成具有"搜索"意思的动词。届时,可能会对"百度"商标造成较大的影响。

第二,及时制止将商标作为通用名称使用的侵权行为。企业应当积极制止竞争对手、经销商和消费者将企业注册商标作为通用名称使用,特别是要制止注册商标作为商品通用名称收录进字典,因为字典对社会公众的影响力较强。克莱斯勒公司的"JEEP"商标一度被认为是"越野车"的通用名称,后来经过不懈努力,才挽回了成为商品通用名称的窘境。20 世纪 30 年代,"解百纳干红"就已经成为张裕公司的葡萄酒品牌。1936 年 9 月 15 日,张裕公司为解百纳申请注册标志,并于 1937 年 6 月 28 日获得当时的中华民国实业部标志

---

① 搜狐网:《优盘商标被撤销,如何避免商标过火沦为通用词汇?》,http://www.sohu.com/a/162827517_361113,最后访问日期:2019 年 4 月 30 日。

局核准。① 改革开放后,在国内葡萄酒行业兴起之时,很多葡萄酒生产商都有"解百纳"系列葡萄酒,葡萄酒行业逐渐将"解百纳"视为一种葡萄酒品种的代名词,烟台张裕集团有限公司(简称"张裕公司")却很少有维权行为。2001年5月9日,张裕公司才在第33类酒(饮料)、果酒(含酒精)、烧酒、蒸馏酒精饮料、鸡尾酒、葡萄酒、白兰地、威士忌等商品上申请了第1748888号解百纳商标,并于2002年4月14日获得核准注册。同一年,中法合营王朝葡萄酿酒有限公司(简称"王朝公司")、中粮酒业有限公司(简称"中粮酒业公司")、中粮华夏长城葡萄酒有限公司(简称"中粮华夏公司")、中粮长城葡萄酒(烟台)有限公司(简称"中粮长城公司")、威龙葡萄酒股份有限公司(简称"威龙公司")等企业分别向商标评审委员会申请撤销第1748888号解百纳商标。经过漫长的商标评审和司法诉讼过程,并经商标局调解,张裕公司最终仍然拥有第1748888号"解百纳"的商标权,但是应当将"解百纳"商标无限期许可给王朝公司、中粮酒业公司、中粮华夏公司、中粮长城公司和威龙公司使用。② 其他葡萄酒企业使用"解百纳"商标均属于侵权。虽然张裕公司以"解百纳"不属于法定通用名称为由最终维持了注册商标的效力,但有不少反对观点认为张裕公司保护商标不力已经使"解百纳"退化为了通用名称。③ 企业应当制止或积极引导社会公众不要将自己的注册商标作为通用名称使用。企业一发现有人不正确使用注册商标,有将注册商标混为商品名称,必须及时劝告制止,防止这种现象蔓延。因为一旦社会公众都将企业注册名称混为商品名称,再予以纠正就会非常困难。

## 第二节 企业商标许可管理

### 一、商标许可的概念界定

商标许可,即商标使用许可,是指商标注册人④通过签订商标使用许可

---

① 《张裕解百纳的历史》,http://www.jgjsm.com/NewsDetail.aspx? ID=15042610-315135~36068f9b,最后访问日期:2019年10月4日。

② 解百纳商标许可使用备案已在第1259期商标公告。

③ 赵克:《注册商标如何退化成商品的通用名称》,载《中华商标》2016年第7期。

④ 我国《商标法》第43条明确规定许可人是商标注册人。由于商标注册后存在转让现象,将许可人界定为商标权人更加合理。

合同的形式,授权他人在一定期限、一定范围内使用其注册商标的行为。在商标许可法律关系中,商标注册人为许可人,另一方为被许可人。我国《商标法》第43条对注册商标的使用许可进行了明确规定。对于未注册商标是否可以许可,商标法律未作规定。根据私法领域的"法无明文禁止即允许"和"意思自治"的原则,在商标使用许可合同主体具有相应民事行为能力、合同标的不违反意思表示真实的前提下,未注册商标使用许可应当具备法律效力。实践中,未注册商标使用许可的案件常有发生。[①] 为便于陈述,本书仅以注册商标使用许可作为研究对象。

我国《商标法》和《商标法实施条例》未对商标许可的类型进行明确规定。《最高人民法院关于审理商标民事纠纷案件适用法律若干问题的解释》(法释〔2002〕32号)第3条将商标使用许可分为三种类型:第一种,独占使用许可,是指商标注册人在约定的期间、地域和以约定的方式,将该注册商标仅许可一个被许可人使用,商标注册人依约定不得使用该注册商标。独占使用许可对被许可人来说,可以在约定的期间、地域独家使用商标。独占使用许可的被许可人最接近于商标权人,相当于"准商标权人"。在约定地域内发现注册商标专用权被侵害时,被许可人可以"利害关系人"身份直接起诉侵权者。独占使用许可的使用费比其他许可要高得多。被许可人通常要从产品竞争的市场效果考虑,认为自己确有必要在一定区域内独占使用该商标才会要求得到这种许可。第二种,排他使用许可,是指商标注册人在约定的期间、地域和以约定的方式,将该注册商标仅许可一个被许可人使用,商标注册人依约定可以使用该注册商标但不得另行许可他人使用该注册商标。也就是说,排他许可仅仅是排除第三方在该地域内使用该商标。在约定地域内发现注册商标专用权被侵害时,排他使用许可合同的被许可人可以和商标注册人共同起诉,也可以在商标注册人不起诉的情况下,自行提起诉讼。第三种,普通使用许可,是指商标注册人在约定的期间、地域和以约定的方式,许可他人使用其注册商标,并可自行使用该注册商标和许可他人使用其注册商标。商标注册人除了自己可以使用商标之外,可以不受限制地将商标许可给多个被许可人。普通使用许可属于"薄利多销"的商标许可形式,许可费用相对较低。在约定地域内发现注册商标专用权被侵害时,被许可人一般不得以自己的名义对侵权者起诉,而只能将有关情况告知许可人,由许可人对侵权行为采取必要措施。当然,普通使用许可合同的被

---

① 汪正:《未注册商标使用许可的法律效力》,载《中华商标》2006年第11期。

许可人经商标注册人明确授权,也可以提起诉讼。

## 二、企业商标许可的意义

企业通过商标使用许可,可以扩大注册商标核定使用商品或服务的市场占有率,让越来越多的消费者知道注册商标,进一步提升注册商标的知名度。可口可乐公司是最成功的跨国企业之一,生产世界上最受欢迎的饮料。这家总部在美国亚特兰大市的跨国企业不可能生产全世界消费的

图 3-2　可口可乐商标

饮料,因此它便通过商标许可使用这种方式,将可口可乐生产分布在全世界大多数国家。可口可乐通过商标使用许可的回报是非常丰富的。如果全世界销售的可口可乐都由可口可乐公司自己直接投资,直接管理,直接生产,那么可口可乐公司将不堪重负,并有可能被庞大的非生产性开支拖垮。[①] 1979 年 5 月 20 日,美国可口可乐公司向我国商标局申请了第 142997 号可口可乐商标,并于 1980 年 12 月 5 日获得核准注册,正式进军中国市场。可口可乐在中国市场的成功同样与商标许可有很大关系。2019 年 9 月 14 日,在中国商标网查询,可以发现第 142997 号有 35 条商标使用许可备案公告记录,被许可人分别是可口可乐中国子公司、厦门太古可口可乐饮料有限公司、中粮可口可乐饮料公司等。这样可以保证了可口可乐饮料的强大供应能力,从而极大提升了可口可乐品牌的知名度,让可口可乐成为中国年轻人最热爱的饮料。

## 三、企业商标许可的风险

企业将注册商标许可给他人使用可以获得巨大的经济利益,同时有助于扩大注册商标知名度,但是商标使用许可也存在较大风险。企业商标使用许可风险的主要包括下述方面。

（一）来自被许可人的风险

被许可人是否诚实守信,将直接影响到被许可商标的声誉,或者导致被许可商标被撤销,也有可能给商标许可人带来法律风险。

---

① 潘力仁:《商标使用许可的特点、利弊及在我国的适用》,载《中国工商管理研究》1998 年第 7 期。

第一,被许可人是否有资格使用核定商品或服务范围的注册商标。注册商标都有核定使用的商品或服务范围。有些商品必须经过主管部门审批,才可以进行生产。例如,生产人用药品、医用营养食品、医用营养饮料和婴儿食品,必须得到卫生行政管理部门的批准许可;生产卷烟、雪茄烟和有包装的烟丝,必须得到烟草主管部门的批准许可。如果被许可人没有相应的资质,擅自生产相关产品,并使用被许可商标,则会给许可人带来极大的法律风险。

第二,被许可人能否规范使用被许可商标。被许可人在使用商标过程中,不得自行改变注册商标的文字、图形、颜色等构成要素。被许可人使用许可商标的商品或服务应当在商标局核准的商品或服务范围之内,不得超出商标局核准使用的商品或服务的范围。如果被许可人自行改变注册商标,或者超出商标局核准使用的商品或服务范围使用被许可商标,可能导致被许可商标被撤销,或者侵犯他人的商标权。被许可人在使用商标过程中,必须如实标上商品制造者的名称和产地。如果被许可人有意隐瞒贴牌商品的制造者和产地,也属于对被许可商标的不当使用,可能导致行政处罚或民事纠纷。

第三,被许可人是否超出合同约定的范围使用被许可商标。有时候,商标许可人在将注册商标许可给被许可人时,并没有将该商标核定的所有商品种类都许可给被许可人使用。例如,某注册商标的核定使用商品包括衬衣、绒衣、衬衫、短袖衬衫、裘皮服装、裤子、外套、针织服装、裙子、袜子等10种商品。商标注册人只将该商标在袜子上的使用许可给被许可人。那么被许可人是否遵守诚信,只在袜子上使用被许可商标。商标注册人没有许可他人在核定的所有商品种类使用注册商标,通常是考虑到被许可人的生产能力,或者对商业布局有全盘的考量。如果被许可人超出合同约定的范围使用被许可商标,则生产出来的商品可能质量不合格,或者打乱商标注册人的商业布局。

第四,被许可人能否保证使用被许可商标的商品或服务的质量。如果被许可人获得商标使用许可后,为了获得更多利润,大量生产或提供使用被许可商标的商品或服务,从而降低了商品或服务的质量,那么,消费者在购买商品或接受服务后,对被许可使用商标的评价必然会越来越低。如果被许可人在生产使用被许可商标的商品时有违法行为,如在食品产品中使用有毒添加剂等,则有可能对被许可商标造成致命打击。

(二)合同约定不明确的风险

商标许可使用合同通常包括授权范围、双方权利和义务、合同生效条件与终止条件、违约责任、争议解决方式等方面的条款。商标使用许可合同中的每一个条款都必须约定清晰,避免产生不必要的纠纷。实践经验表明,合同约定不明确风险主要包括如下方面。

第一,许可商标约定不明确。通常情况下,任何企业都不可能只有一个商标,至少有几个商标或一系列商标。这是因为即便商标是相同的,在不同类别上的商品或服务上也必须分别申请,从而形成不同的商标权。例如,2019年9月13日,以中文"可口可乐"在中国商标网上进行查询,可以发现含有"可口可乐"的商标有104个,基本上都是可口可乐公司的商标信息,有少数几个不属于可口可乐公司的,也都处于无效状态或者等待实质审查中。如果可口可乐公司要将商标许可给他人使用,又没有明确约定他人可以在哪些商品或服务上使用哪些商标,则必定会引发纠纷。另外,与许可商标存在密切关系的商业标记,如企业名称和域名,是否允许被许可人使用?这个问题没有约定明确也有可能引发纠纷。

第二,使用商品或服务约定不明确。任何一个商标都有核定使用的商品或服务的范围。被许可人是否有权在核定使用的全部商品或服务上使用许可商标?如果没有明确约定,通常可以推定被许可人有权使用。企业在注册商标时,通常都希望注册商标核定使用的商品或服务范围越大越好,但是不可能生产或提供注册商标核定使用的所有商品或服务。企业在将商标许可给他人使用时,最好与企业经营战略相一致,分清企业的核心竞争力产品和非核心竞争力产品。企业不能够随意许可他人在核心竞争力产品上使用注册商标,否则会给企业塑造竞争对手,给企业带来风险。

第三,许可方式约定不明确。商标许可方式有独占许可、排他许可和普通许可。不同的商标许可方式,许可人和被许可人的权利义务是不一样的。例如,商标许可方式采用普通许可,许可人还可以将注册商标许可给多个主体;被许可人支付的许可费相对其他方式更低。如果许可方式约定不明确,可能会引发纠纷。许可人认为许可方式是普通许可,还可以将商标进行多次许可,而被许可人可能会认为许可方式是排他许可或独占许可,因此许可人不能够进行多次许可。

第四,分许可约定不明确。商标注册人将商标许可给他人使用,则商标注册人与被许可人之间的许可合同是总许可。分许可,是指被许可人以自己的名义,将商标再许可给第三方使用。被许可人与第三方之间的商标许可合同就是分许可合同,或者再许可合同。商标注册人将商标许可给被许可人使用,可能基于商标注册人与被许可人之间的密切关系、信任关系或合作基础。如果商标注册人与被许可人签订的商标许可合同没有明确约定是否可以分许可,则极易引发纠纷,并可能给注册商标带来极大的风险。除非被许可人与商标注册人是母子公司或其他密切关系,被许可人才会珍惜商标所凝聚的商誉,不会轻易将商标再许可第三方使用。否则,无论是独占许可、排他许可还是普通许可,被许可人都有将商标再许可给第三方使用,获得更多利益的冲动。而获得再许可的第三方是否具备生产商标核定使用商品的资质?即便能够生产,是否能够保证商品的质量?是否能够规范地使用商标?因此,商标注册人不能够对商标再许可进行监督的话,产生的风险几乎是不可控的。

第五,许可期限和地域约定不明确。商标使用许可的期限是商标许可合同中的一个重要条款。商标使用许可的期限有没有超过注册商标的有效期限;商标使用许可到期后,使用许可商标的剩余商品如何处置……这些涉及许可时间的问题都有可能会引发纠纷。商标许可地域范围也应当约定明确。跨国公司通常制定了商标使用许可战略,将全球市场划分为不同区域,每个区域许可几家企业使用商标,并严格禁止获得授权的企业不得到其他区域制造商品或销售商品。如果约定不明确,则有可能给商标许可人商标管理造成比较严重的问题。特别是平行进口等问题,有可能引发商标许可人与被许可人之间的矛盾,或者引发不同国家与地区之间被许可人之间的矛盾。

第六,许可费约定不明确。许可费是商标许可合同中的核心条款之一。商标注册人将商标许可他人使用的主要目的就是获得商标使用许可费。决定许可费高低的主要因素包括"商标知名度""商标许可方式""商标许可时间、地点和范围""行业利润和前景"。商标使用许可费计算方式主要有固定数额许可费、商品利润的合理比例、商品售价的合理比例等三种。商标使用许可费的支付方式分为一次性支付和分期支付两种。如果许可人处于比较强势的地位,则可以要求一次性支付;如果被许可人处于比较强势的地位,则一般采用分期支付方式。无论采用哪一种许可费计算方式和支付方式,商标许可合同中约定不明确,都有可能产生纠纷。

第七,违约责任约定不明确。违约责任,是指当事人不履行合同义务或者履行合同义务不符合合同约定而依法应当承担的民事责任。商标使用许可合同签订生效后,当一方或双方出现违约情形,就会产生纠纷。哪些情况可以解除合同;哪些情形构成违约;违约方承担什么责任;责任形式包括哪些;如果采用违约金形式,违约金如何计算,如何支付。商标使用许可合同不能够泛泛地规定违约方应当承担违约责任,否则会导致违约责任条款流于形式,起不到任何作用。

第八,合同终止事宜约定不明确。商标使用许可合同终止事宜比较复杂。首先,商标使用许可合同终止有许多情形,主要包括"期限届满终止""不可抗力导致商标使用许可合同无法履行而终止""合同一方或双方违约导致合同解除""合同一方或双方破产、清算解散、停止营业导致合同终止"等。其次,商标使用许可合同终止后,被许可人剩余的带有商标标志的资料或物品应当如何处理。如果仅仅约定"合同终止后被许可人一律不得再使用本合同约定的许可商标",这对于被许可人来说不太公平,也容易产生纠纷。最后,商标使用许可合同终止后,许可商标产生的商誉如何分配。如果没有将这三方面的事情约定清楚,商标许可人与被许可人之间很容易会产生纠纷。

第九,争议解决条款不明确。合同争议方式有和解、调解、仲裁和诉讼四种。和解和调解不是必经的程序。仲裁,是指双方当事人根据有效的仲裁协议,将纠纷提交给仲裁机构进行处理的一种争议解决方式。合同中约定的仲裁协议依法成立后,合同纠纷当事人就不能够再就争议事项向法院提起诉讼。仲裁一裁终局,具有快速便捷、高度保密、体现意思自治等特点。如果合同双方当事人没有约定仲裁协议,或仲裁协议无效,双方当事人均有权向有管辖权的人民法院提起诉讼。当然,在符合法律规定的前提下,合同双方当事人可以选择管辖法院,如甲乙双方均同意向甲方所在地法院提起诉讼。在商标使用许可合同中,如果争议解决条款约定不明确,将使得争议解决更加困难。

(三)商标许可合同备案的风险

我国《商标法》第43条规定,许可他人使用其注册商标的,许可人应当将其商标使用许可报商标局备案,由商标局公告。商标使用许可未经备案不得对抗善意第三人。《商标法实施条例》第69条规定,许可他人使用其注册商标的,许可人应当在许可合同有效期内向商标局备案并报送备案材料。备案材料应当说明注册商标使用许可人、被许可人、许可期限、许可使用的商品或者服务范围等事项。从这两条法律规定可以看出,商标使用许可合同备案不是合同生效要件。商标使用许可合同未经备案的,不会影响商标使用许可合同的效力,只是不能对抗善意第三人。从商标行政管理角度来看,商标使用许可合同备案的实质是便于商标局掌握注册商标使用情况,及时查处商标侵权行为,立法宗旨是为了提高执法的效力和准确性,保护注册商标权人的合法权益。① 表明上看起来,商标使用许可合同备案与否对被许可人的影响较大。当被许可人签订的是独自许可合同或排他许可合同时,如果未经过备案,商标注册人再将商标许可给第三人使用时,被许可人不能够对抗善意第三人。实际上,商标许可使用合同是否备案对商标许可人来说,也会存在风险。首先,商标使用许可合同备案是商标许可人的一个义务。如果不履行备案义务,可能引发被许可人与许可人之间的纠纷。其次,商标使用许可合同备案其中重要的权利公示作用。商标使用许可合同备案有利于商标局掌握注册商标使用情况,准确查处商标侵权行为,保护商标许可人的利益。当他人侵犯商标权时,许可人可以参照商标使用许可合同中的许可使用费,要求法官参照给予恰当数额的侵权赔偿。② 如果商标注册人在许可他人使用商标时,都不去进行备案。一旦发生商标侵权,将失去一个非常具有公信力的商标侵权赔偿标准。

### 四、如何防范商标许可风险

（一）商标许可前尽职调查

企业将自己具有较高知名度和良好市场基础的商标许可给他人使用,必须谨慎选择被许可人,尽量选择一个比较可靠的合作伙伴。笔者认为,企业在进行商标许可之前,可以对潜在的被许可人进行尽职调查。尽职调查通常运用在企业并购活动中,是收购方对目标公司（被收购方）的股权关系、资产和负债情况、经营状况、企业前景和潜在风险进行的一系列调查。尽职调查主要解决并购业务流程中存在的信息不对称的问题,达到信息的交换传递作用。③ 商标许可中,许可人与被许可人存在信息不对称问题。被许可人对于己方想获得使用许可的商标比较了解,因为该商标通常已经历过市场检验。许可人则对被许可人的信息了解不多。被许可人身份信息或企业信用信息、管理能力、生产能力、质量保障能力,甚至是否有资格使用核定商品或服务范围的注册商标,对于商标许可人来说都是未知的。为了解决信息不对称问题,企业将商标许可给他人使用之前,应当对潜在的被许可人进行尽职调查。企业切忌为了多收许可费,将商标随意许可给他人。这样很可能将自己辛苦培育的知

---

① 闫卫国:《与商标使用许可合同有关的问题》,载《中华商标》2003年第8期。
② 陈晓峰:《商标许可,利益与风险之间的博弈》,载《中华商标》2011年第9期。
③ 陈仟子:《并购业务尽职调查问题》,载《中国金融》2016年第7期。

名商标或驰名商标毁了。

（二）明确约定合同条款

企业将商标许可给他人使用时,必须明确约定商标许可使用合同的所有条款,特别是一些容易产生纠纷的条款。

第一,明确约定许可商标。企业在许可商标之前,要结合经营情况仔细权衡,哪些商标可以许可给他人使用？有些大型企业可能涉及生产多个领域的商品,给不同领域的商品注册了不同商标。这样的企业将商标许可他人使用时,必须将核心产品的商标保留,可以将非核心产品的商标进行许可。同一类别的相同商品,也会有多个商标。企业在将商标许可他人使用时,必须考虑是否将同一类别相同商品的多个商标都许可给他人使用。例如,1993年4月23日,福建七匹狼实业股份有限公司在25类上注册了第706063号"七匹狼"商标,核定使用商品包括服装、领带、鞋、帽、袜、手套。1995年5月22日,福建七匹狼实业股份有限公司在25类上注册了第933429号"七匹狼"商标,核定使用商品同样包括服装、领带、鞋、帽、袜、手套。福建七匹狼实业股份有限公司还注册了许多其他"七匹狼"商标。如果福建七匹狼实业股份有限公司要将第706063号"七匹狼"商标许可给他

图3-3 七匹狼商标

人使用,是否可以将第933429号"七匹狼"一并许可给他人使用。这就必须在商标使用许可合同中明确约定。例如,在商标许可使用合同中约定："乙方有权使用的许可商标包括：(1)中文商标：＿＿＿＿＿；(2)英文商标：＿＿＿＿＿；(3)图形商标：＿＿＿＿＿；(4)……"

第二,明确约定使用商品或服务。企业在将某一个或几个商标许可给他人使用时,应该考虑是允许他人在核定使用范围内的所有商品上使用注册商标,还是仅允许他人在核定使用范围内的一个或几个商品上使用注册商标。例如,福建七匹狼实业股份有限公司要将第706063号"七匹狼"商标许可给他人使用,应该考虑是允许他人在核定使用的所有商品"服装、领带、鞋、帽、袜、手套"上使用注册商标,还是仅仅在"袜"上使用。

第三,明确约定许可方式。企业在将商标许可给他人使用时,应当将许可方式作为单独条款明确约定。约定方式有两种：一种是直接表明许可方式是"独占许可"、"排他许可"或"普通许可"。例如,甲方授予乙方对许可商标的使用形式是普通使用许可,并且必须对普通使用许可的定义规定在商标许可使

用合同中。另一种是采用选择式条款。例如,合同双方约定,甲方以下述第(1)种类型,许可乙方使用本合同约定之商标。(1)独占使用许可,是指甲方在约定的期间、地域和以约定的方式,将商标仅许可给乙方使用,不得再许可给他人使用,且甲方不得使用本合同约定之商标。(2)排他使用许可,是指甲方在约定的期间、地域和以约定的方式,将商标仅许可乙方使用,甲方可以使用本合同约定之商标,但是甲方不得另行许可他人使用。(3)普通使用许可,是指甲方在约定的期间、地域和以约定的方式,将商标许可乙方使用,甲方可自行使用也可另行许可他人使用该商标。

第四,明确约定是否允许分许可。企业将商标许可给他人使用时,应当明确约定是否允许被许可人将获得许可使用的商标再许可给第三人使用。通常有三种约定方式:第一种,禁止被许可人将商标再许可给第三方使用。例如,"乙方只限于在本企业生产的产品上使用公司授权使用的商标,不得以任何形式和理由,将甲方授权使用的商标再许可给第三方使用"。第二种,经过许可人同意可以进行分许可。例如,"未经甲方的事先书面同意,乙方不得将其在本合同项下的任何权利或义务转让给任何第三方或以任何形式(无论有偿还是无偿)再许可任何第三方使用许可商标"。第三种,被许可人无须经过许可人同意,可以将商标再许可给第三方使用。通常情况下,这种约定方式几乎很少使用,因为对于商标许可人(商标注册人)来说风险比较大。

第五,明确约定期限和地域范围。企业将商标许可给他人使用时,应当明确约定商标使用期限和地域范围。期限约定比较简单。例如,"本合同项下许可商标的许可使用期限为＿＿年,自＿＿年＿＿月＿＿日至＿＿年＿＿月＿＿日止。合同期满,如需延长使用时间,由甲、乙双方另行续订商标使用许可合同"。许可商标使用的地域范围通常与该商标授权国家或地区的范围一致。例如,"许可使用商标地域为中国大陆,乙方承诺不在未经许可的国家和地区直接或间接使用本合同项下的商标,且未经甲方书面同意不得在未经许可的国家和地区向第三方出售使用该商标的商品或提供服务"。

第六,明确约定商标使用许可费。企业将商标许可给他人使用时,应当明确约定商标使用许可费计算和支付方式。通常情况下,商标使用许可合同很少采用商品利润的合理比例或商品售价的合理比例作为商标使用许可费计算方式,因为许可人很难确定被许可人真实的经营情况。当然,如果许可人与被许可人属于母公司或子公司,或者有其他关联关系,许可人能够准确了解被许可人的真实经营状况,采用商品利润的合理比例或商品售价的合理比例作为商标使用许可费计算方式是可行的。如果许可人与被许可人之间没有任何关联,只是合作关系,许可人通常愿意采用固定数额作为商标使用许可费计算方式。例如,"合同双方约定,商标使用许可费为____元/每年。商标使用许可费按年支付,乙方应在每年__月__日前向甲方一次性支付下一年度全年的许可使用费。商标使用许可费的支付方式:乙方将商标许可使用费支付至甲方如下银行账户内:开户行:_____账户名:_____账号:_____"

第七,明确约定违约责任。企业将商标许可给他人使用时,应当明确约定被许可人违反商标使用许可合同时的违约责任。商标使用许可合同应当明确列举出被许可人可能出现的违约情况,并约定应当承担什么责任。例如,"乙方违约责任:(1)乙方擅自扩大被许可使用商标的使用范围或使用商品的,甲方有权要求乙方停止侵害行为。乙方在接到甲方书面通知 15 日后仍未停止的,甲方有权解除合同。(2)乙方未按合同约定支付商标使用许可费,逾期一天支付年度商标使用许可费的 0.03% 作为违约金,逾期超过 30 天,除应当支付相应违约金外,甲方有权解除本合同。(3)……"。

第八,明确约定合同终止事宜。企业将商标许可给他人使用时,应当明确约定商标使用许可合同终止的相关事宜。首先,应当明确约定商标许可使用合同终止的情形。例如,"本合同终止情形包括:(1)商标使用许可期限届满;(2)不可抗力导致一方或双方无法履行本合同;(3)合同解除,具体情形见本合同相应条款;(4)企业破产、清算解散、停止营业等;(5)其他导致本合同终止情形"。其次,明确约定商标使用许可合同终止后被许可人剩余的带有商标标志的资料或物品的处理方法。例如,"(1)乙方可将使用本合同约定许可商标的已进入市场产品、正在加工和生产的产品进行必要处理或销售,但应当向甲方书面提供具体生产批号、数量、种类并经甲方核实,否则合同期满或提前终止后,乙方使用本合同约定许可商标的行为属于侵权行为。(2)甲方有权进行实地盘查以确认存货情况和报告的准确。若乙方拒绝甲方的核查,则乙方应立即停止使用本合同约定许可商标,否则视为侵犯甲方商标权行为"。最后,明确约定商标使用许可合同终止后商誉归属问题。"商标许可合同终止后,被许可人停止使用被许可商标,被许可商标上积累的商誉归许可人所有。这已经是商标法领域的基本共识"①然而,由于大名鼎鼎的"王老吉"商标使用许可合同纠纷系列案件,引发了被许可商标上累积商誉的分配争议。有学者认为,"王老吉"的成功很大程度上是被许可人加多宝公司将其视同己出精心培育的结果,因此如果商标许可人广

---

① 崔国斌:《商标许可终止后的商誉分配》,载《知识产权》2012 年第 12 期。

药集团收回"王老吉"商标和附着于其上的商誉,将严重挑衅该法对利益平衡价值理念的追求,并使人们对商标制度的正当性产生怀疑。[①] 为避免出现类似"王老吉"商标的纠纷,商标使用许可合同应当明确约定合同终止后许可商标上积累商誉归属被许可人,但可以约定被许可人对商誉积累做出重要贡献的,采取相应措施予以补偿。

第九,明确约定争议解决条款。企业将商标许可给他人使用时,应当在商标使用许可合同中明确约定采用哪一国法律,以及采用诉讼还是采用仲裁的争议解决方式。例如,"本合同适用中华人民共和国法律解释。因本合同引起的或与本合同有关的任何争议,应通过友好协商解决,如果双方不能协商解决,同意采取如下第(2)种方式解决:(1)向合同签订地法院起诉。(2)提交中国国际经济贸易仲裁委员会(China International Economic and Trade Arbitration Commission)仲裁。根据该仲裁委员会现行规则仲裁,仲裁结果是终局的,对双方均有约束力"。

(三)履行商标许可备案义务

企业将商标许可给他人使用时,应当依据《商标法》和《商标法实施条例》的规定进行商标使用许可备案。许可人与被许可人签订商标使用许可合同后,应当在3个月内将许可合同副本报送商标局备案。《商标使用许可合同备案办法》第7条规定:"申请商标使用许可合同备案,应当提交下列书件:(一)商标使用许可合同备案表;(二)商标使用许可合同副本;(三)许可使用商标的注册证复印件。人用药品商标使用许可合同备案,应当同时附送被许可人取得的卫生行政管理部门的有效证明文件。卷烟、雪茄烟和有包装烟丝的商标使用许可合同备案,应当同时附送被许可人取得的国家烟草主管部门批准生产的有效证明文件。外文书件应当同时附送中文译本。"许可人申请商标使用许可合同备案,应当按照许可使用的商标数量填报商标使用许可合同备案表,并附送相应的使用许可合同副本及"商标注册证"复印件。通过一份合同许可一个被许可人使用多个商标的,许可人应当按照商标数量报送商标使用许可合同备案表及"商标注册证"复印件,但可以只报送一份使用许可合同副本。商标局对商标使用许可合同备案要进行审

---

① 黄汇、谢申文:《论被许可人增值商标的法益保护路径——以"王老吉"商标争议案为研究对象》,载《政治与法律》2013年第10期。

查，发现《商标使用许可合同备案办法》第 11 条①规定的情形，可以不予备案。

（四）商标许可后持续监督

企业将商标许可给他人使用之后，还应当对被许可人使用商标情况进行持续监督。主要包括几个方面：第一，监督被许可人规范使用商标。许可人应当监督被许可人在核定商品或服务上使用核准商标，不得擅自改变注册商标、注册人名义、地址或者其他注册事项。商标许可人还应当要求被许可人在使用商标商品上标明被许可人的名称和商品产地，以免消费者混淆商品来源，给许可人企业形象和商标信誉造成不利影响。第二，监督被许可人商品或服务的质量。保障商品或服务质量是商标的主要功能之一。各国商标法立法及实践都强调商标许可人对被许可人的商品或服务加以适当监管与控制，尽量保持同一商标同一品质，避免消费者受到欺骗。② 第三，监督被许可人是否超出合同约定的范围使用被许可商标。例如，福建七匹狼实业股份有限公司允许被许可人在"袜"上使用第 706063 号"七匹狼"商标，那么还应当监督被许可人是否在"服装、领带、鞋、帽、手套"上使用了注册商标。如果被许可人违反合同约定，可以依据合同解除合同，或让被许可人支付更多的商标使用许可费。

## 第三节　企业商标权质押管理

### 一、商标权质押的概念

商标权质押是指商标权人以债务人身份将自己拥有的、依法可以转让

---

① 《商标使用许可合同备案办法》第 11 条："有下列情形之一的，商标局不予备案：（一）许可人不是被许可商标的注册人的；（二）许可使用的商标与注册商标不一致的；（三）许可使用商标的注册证号与所提供商标注册证号不符的；（四）许可使用的期限超过该注册商标的有效期限的；（五）许可使用的商品超出了该注册商标核定使用的商品范围的；（六）商标使用许可合同缺少本办法第六条所列内容的；（七）备案申请缺少本办法第七条所列书件的；（八）未缴纳商标使用许可合同备案费的；（九）备案申请中的外文书件未附中文译本的；（十）其他不予备案的情形。"

② 李仁莹：《商标使用许可中的品质控制》，载《中华商标》2007 年第 1 期。

的注册商标专用权出质作为债权担保,在债务人不能履行到期债务或者发生约定的实现质权的情形时,质权人(债权人)可以与出质人协议以质押商标权折价或者拍卖、变卖质押商标权所得的价款优先受偿的一种融资担保方式。我国《担保法》和《物权法》都将可以转让的注册商标专用权中的财产权列为可以出质的权利对象,同时要求以出质人和质权人之间订立书面合同,并向商标局办理出质登记。从法律上看,任何可以转让的注册商标专用权中的财产权都可以出质,然而实践中并不是所有的注册商标都可以作为质押标的,只有那些在市场上具有较高知名度的商标才能够作为出质权利进行融资担保质押。

在商标权质押融资中,有两种商标权质押担保模式:第一,直接担保模式,是指企业将商标权直接质押给银行作为担保,银行对商标权价值进行评估,然后根据评估情况发放贷款。这种模式又称为北京模式。政府积极推动商标权质押,搭建平台,并给予政府贴息。由于很难准确评估商标权价值,且商标权价值的稳定性差,波动较大,再加上处置比较困难,通常银行会要求再提供第三方,例如担保公司,作为补充担保。[①] 第二,间接担保模式,是指企业为获得银行贷款,委托担保公司向银行提供担保,然后再以商标权质押给担保公司作为反担保。这种模式又分为两种情况。一种为武汉采用。即政府不直接参与其中,政府职责是积极推广,搭建平台,给予政府贴息。另一种为上海浦东采用。例如浦东新区人民政府成立具有政府背景的担保公司,例如浦东生产力促进中心,为企业贷款提供担保,并要求企业将商标权质押给浦东生产力促进中心作为反担保。

## 二、企业商标权质押的意义

商标权质押贷款是中小企业拓宽融资渠道、冲破融资瓶颈的重要途径,同时也是金融机构拓展市场的重要途径。基于风险控制要求,商业银行都需要企业提供有形财产作为贷款担保才能提供银行贷款。我国大多数中小企业,特别是刚刚起步不久的中小企业,拥有的可担保有形财产不多,很难通过传统信贷体制获得银行贷款。商标权质押贷款解决了中小企业可担保有形财产不足的问题,从而缓解了中小企业融资难的问题。商标权作为质押贷款的标的,也在很大程度上丰富了质押标的的形式。在政府推动下,近年来我国商标权

---

① 陈峰:《浅析商标权质押融资风险控制机制》,载《中国工商管理研究》2012年第10期。

质押贷款取得了较显著的成绩。2015年以来,浙江省台州市在全国率先启动商标专用权质押融资改革试点,三年多共办理注册商标质押登记1190件,占全国同期办理总量的近三成,质押金额88.88亿元,累计发放贷款1833笔计66.99亿元。[①] 江苏省在商标权质押贷款方面也是走在全国前列的。2016年,江苏华亚化纤有限公司以"华亚中纺"等六件注册商标向江苏宜兴农村商业银行股份有限公司新建支行申请质押贷款,获批3年长期贷款近11967万元。[②] 这为企业开辟了从"知本"变成"资本"的通道,为企业长远发展提供了动力。2019年9月14日,在中国商标网商标公告栏进行检索,可以发现第7973111号"华亚中纺"等6件注册商标商标质权登记已在第1551期商标公告中予以公告,并且在后续商标公告中对每个注册商标质权登记的详细信息予以公告。

### 三、企业商标权质押的风险

由于知识产权价值稳定性差、准确评估难,并且缺乏成熟的知识产权交易市场,出质权利处置通道不顺畅,知识产权质押贷款存在较大风险。通常,大多数人都意识到知识产权质押对于质权人(金融机构)来说有较大风险,但实际上对于出质人也是有风险的。下面拟探讨商标权质押过程中可能对出质人造成影响的风险。

(一)质押标的风险

1.商标权不稳定

金融机构通常只会接受那些具有较高知名度的合法有效的商标,特别是驰名商标,作为质押标的。尽管这些商标已经过各种考验,但是仍然会存在权利不稳定的情况。首先,商标权没有及时续展。注册商标有效期限为10年,但是有效期满可以续展,每次续展有效期10年。如果出质人没有及时去续展,就可能导致商标被注销,从而失去商标权。其次,商标无效。我国《商标法》第44条和第45条规定了已经注册的商标可能无效的情形。如果商标无效,则出质人就失去商标权了。再次,商标被撤销。如果出质人(商标权人或者经过许可使用的人)在使用注册商标的过程中,自行改变注册商标、注册人名义、地址或者其他注册事项,且没有遵照地方市场监督管理部门要求改正,

---

① 潘建伟:《台州:商标质押融资助力民营经济再创辉煌》,载《中华商标》2018年第7期。
② 东方资讯网:《商标也可以贷款?厉害了我的标》,http://mini.eastday.com/mobile/181118035145050.html♯,最后访问日期:2019年9月14日。

或者注册商标成为其核定使用的商品的通用名称,或者没有正当理由连续3年不使用的,都可能导致商标被撤销,从而失去商标权。最后,商标权属争议。出质人在将商标权质押给金融机构后,有可能发生商标权属争议纠纷,从而导致出质人失去商标权。

我国《物权法》第216条规定,因不能归责于质权人的事由可能使质押财产毁损或者价值明显减少,足以危害质权人权利的,质权人有权要求出质人提供相应的担保。如果企业将注册商标权质押给金融机构担保融资,又在商标权质押担保合同履行过程中失去注册商标专用权,那么质权人(金融机构)为维护自身权利,必定要求企业提供担保,这就可能给企业带来较大的财务风险,甚至影响到企业的健康经营。

2.商标权价值贬值

金融机构愿意接受商标权作为质押标的是因为其具有相当于债权标的额的价值。商标权相对于其他知识产权而言,价值更易受到市场各种因素的影响。对于一个企业来讲,它的经营业绩、发展方针等都会影响到企业商标这一无形资产的价值。[1] 例如,湘鄂情商标曾被认定为"中国驰名商标",是一块实打实的金字招牌。2009年11月,湘鄂情餐饮公司成功登陆深圳证券交易所中小板,成为民营上市公司餐饮第一股,这使得湘鄂情商标价值不断飙升。然而,湘鄂情餐饮公司上市后却因为经营状况发生严重状况,最终以1亿元低价甩卖湘鄂情系列商标。[2] 企业在经营过程中,一旦出现违法犯罪行为,也会严重贬损商标权价值。"三鹿"商标价值曾经高达150亿元,但是三聚氰胺事件发生后,"三鹿"商标价值严重受损,最终仅以730万的价格被浙江企业收购。[3] 当出现可能严重导致商标价值贬损的事件时,作为质权人的金融机构必定会依据《物权法》第216条的规定,要求企业为质押融资贷款提供补充担保。这就会给企业经营造成较大财务风险。

3.商标权价值评估

商标权相对于有形财产的担保物来说,价值稳定性很差,导致很难准确评

---

[1] 郑辉、孙振东:《解析我国商标权质押融资的法律风险及防范》,载《电子知识产权》2012年第11期。

[2] 人民网:《湘鄂情系列商标贬值至一亿元》,http://politics.people.com.cn/n/2015/0207/c70731-26523465.html,最后访问日期:2019年8月4日。

[3] 腾讯网:《"三鹿"商标神秘买家静默四年 只为量身定做重返江湖》,https://new.qq.com/cmsn/20131211/20131211013047,最后访问日期:2019年5月1日。

估商标权价值。商标权价值评估除分析商标权产权归属及稳定性状态、取得成本、可获利能力、机会成本、法律政策等静态因素外,还应考虑行业发展、市场变化等动态影响因素。① 商标权价值对内依赖企业产品或服务的质量、品质和商业信誉的沉淀和积累,对外依赖消费者对企业产品和服务的信赖而形成消费忠诚。《商标资产评估指导意见》第 23 条规定,商标资产价值的评估方法包括市场法、收益法和成本法三种基本方法及其衍生方法。执行商标资产评估业务,应当根据评估目的、评估对象、价值类型、资料收集等情况,分析上述三种基本方法及其衍生方法的适用性,选择评估方法。实际上,无论按照哪一种评估方法,商标权价值评估都存在很多不确定因素,评估人员可以自由发挥的空间很大。对于出质人来说,要如实向资产评估机构提供商标评估的相关资料,并且不得通过不正当手段影响资产评估机构的价值评估结果。如果企业通过不正当手段获得虚高的商标评估价值,再向金融机构质押商标获得贷款,最后又不能还款,给金融机构造成重大损失,就有可能构成《刑法》第 175 条规定的骗取贷款罪。

4.商标权处置风险

企业将注册商标专用权质押给金融机构后,依据《物权法》第 227 条的规定,除非得到质权人的同意,否则不得将商标权转让或者许可他人使用。企业(出质人)转让或者许可他人使用出质的知识产权中的财产权所得的价款,应当向质权人提前清偿债务或者提存。如果企业未按照法律规定履行法律义务,给质权人(金融机构)造成损失,可能会影响到企业征信。质权人若发现出质人未遵守相关法律规定,也会要求企业提供担保。

(二)质押合同风险

尽管我国《商标法》没有对商标质押作出明确规定,但是《担保法》第 79 条、《物权法》第 227 条和《商标法实施条例》第 70 条都明确规定,以注册商标专用权出质的,出质人与质权人应当签订书面质权合同。《注册商标专用权质权登记程序规定》第 5 条规定了注册商标专用权质权合同的主要内容:(1)出质人、质权人的姓名(名称)及住址;(2)被担保的债权种类、数额;(3)债务人履行债务的期限;(4)出质注册商标的清单(列明注册商标的注册号、类别及专用期);(5)担保的范围;(6)当事人约定的其他事项。

为尽量避免商标专用权质押合同纠纷,企业作为出质人,应当对合同形式

---

① 王政贵、李青:《商标权质押融资价值评估难问题的分析及其对策》,载《浙江金融》2011 年第 3 期。

进行严格审查,应特别注意以下几个方面:第一,商标权质押担保范围。从维护出质人权利来说,质押担保范围应当越小越有利。在金融机构占据优势地位的情况下,质押担保范围通常包括主债权本金、利息、复利、罚息、违约金、损害赔偿金以及实现质押权的费用(包括但不限于诉讼费、律师费、评估费等)。第二,质押权实现时间和方式。一般而言,质押担保贷款到期未得到清偿,或者在商标权价值贬损后债务人没有提供相应的担保,或者债务人歇业、解散、清算、停业整顿、被申请破产、被吊销营业执照、被撤销,或者有法律明文规定的其他情形,质权人(金融机构)有权实现商标质押权。第三,避免留质条款。即遵循《物权法》第211条的规定,在债务履行期届满前,出质人不得与质权人约定债务人不履行到期债务时质押商标权归债权人所有。如果以上条款约定不清楚,很容易产生商标权质押合同纠纷。

(三)质押登记风险

商标权质押合同订立后,质权并不当然设立,须到商标局办理注册商标专用权质权登记。商标权是一种无形财产权,无法以占有的方式来公示,因此必须办理质权登记进行公示。依据《物权法》第227条的规定,以注册商标专用权中的财产权出质的,质权自商标局办理出质登记时设立。注册商标专用权质权登记并不是商标权质押合同生效的要件,仅仅是质权设立的要件。《注册商标专用权质权登记程序规定》第4条规定:"申请注册商标专用权质权登记的,应提交下列文件:(一)申请人签字或者盖章的《商标专用权质权登记申请书》;(二)出质人、质权人的主体资格证明或者自然人身份证明复印件;(三)主合同和注册商标专用权质权合同;(四)直接办理的,应当提交授权委托书以及被委托人的身份证明;委托商标代理机构办理的,应当提交商标代理委托书;(五)出质注册商标的注册证复印件;(六)出质商标专用权的价值评估报告。如果质权人和出质人双方已就出质商标专用权的价值达成一致意见并提交了相关书面认可文件,申请人可不再提交;(七)其他需要提供的材料。上述文件为外文的,应当同时提交其中文译文。中文译文应当由翻译单位和翻译人员签字盖章确认。"

《注册商标专用权质权登记程序规定》第8条规定,如果出现以下情形,商标局将对质权不予登记:(1)出质人名称与商标局档案所记载的名称不一致,且不能提供相关证明证实其为注册商标权利人的;(2)合同的签订违反法律法规强制性规定的;(3)商标专用权已经被撤销、被注销或者有效期满未续展的;(4)商标专用权已被人民法院查封、冻结的;(5)其他不符合出质条件的。《注册商标专用权质权登记程序规定》第9条规定,在注册商标专用权质权登记后,如果有下列情形,商标局将撤销质权登记:"(一)发现有属于本办法第八条所列情形之一的;(二)质权合同无效或者被撤销;(三)出质的注册商标因法定程序丧失专用权的;(四)提交虚假证明文件或者以其他欺骗手段取得商标专用权质权登记的。"因此,企业如果希望通过质押注册商标专用权给金融机构进行融资贷款,必须谨慎按照法律规定履行注册商标专用权质权登记程序,以免融资不成功,甚至引发其他风险。

### 四、如何防范商标权质押风险

(一)谨慎处理质押标的事宜

企业应当防范质押标的引发的融资风险。首先,保持商标权法律状态稳定。企业应当按期续展商标,防止未续展导致商标权被注销。企业应当规范使用商标,避免商标退化为通用名称,防止商标权被撤销。企业应当积极应对商标无效、权属争议等商标纠纷,防止商标无效或权属发生变更。无论是哪一种原因导致企业失去商标权,企业都会失去利用商标权质押担保进行融资的能力。其次,保持商标权价值稳定。企业应当遵纪守法,维持良好的经营状态,防止商标权价值贬损。只有维持商标权价值稳定,企业才能够通过商标权质押担保获得金融机构的稳定贷款。再次,不干涉商标权价值评估。商标权是无形资产,且稳定性较差,资产评估机构很难准确评估商标权价值。如果企业作为商标权价值评估的委托人或相关当事人,通过商业贿赂或提供虚假资料影响商标权价值评估,那么资产评估机构作出的商标权价值评估结论肯定会严重失真。一旦被发现,可能严重影响企业征信,甚至构成犯罪。最后,合法处置商标权。企业将注册商标专用权质押给金融机构后,如果要将出质的商标权转让或许可他人使用,必须事先征得质权人(金融机构)的同意,并且将获得的转让款或使用许可费向质权人提前清偿债务或者提存。

(二)明确约定质押合同条款

企业在签订注册商标专用权质押合同时,必须审查合同条款是否包含《注册商标专用权质权登记程序规定》第5条规定的主要内容,同时应当明确约定质押合同条款,避免约定不明确引发的纠纷。在注册商标专用权质押合同中,企业作为出质人,应当遵循《物权法》第211条的规定,在债务履行期届满前,不得与质权人约定债务人不履行到期债务时质押商标权归债权人所有。一个有理想、有韧性的企业,通常会想尽一切办法保留住商标,因为商标是品牌的核心。可口可乐公司前董事长伍德鲁夫有一句名言:"假如我的工厂被大火毁灭,假如遭遇到世界金融风暴,但只要有可口可乐的品牌,第二天我又将重新站起。"因此,企业在签订注册商标专用权质押合同时,应当争取为质权实现设定缓冲或替代条款,尽可能保留住商标权。

(三)依法履行商标权质权登记

企业签订注册商标专用权质押合同后,应当依法及时到商标局办理注册商标专用权质权登记。企业应当按照《注册商标专用权质权登记程序规定》第4条的规定,提交质权登记的相关文件,并且审查是否会出现《注册商标专用权质权登记程序规定》第8条规定的情形。

## 第四节 企业商标证券化

### 一、商标证券化的内涵界定

资产证券化(Asset-Backed Securitization,简称 ABS),是指发起人将缺乏流动性但能在未来产生可预见的稳定现金流的资产或资产集合(本质是债权)出售给特定目的机构(Special Purpose Vehicle,简称 SPV),由其通过一定的结构安排,分离和重组资产的收益和风险并增强资产的信用,转化成由资产产生的现金流担保的可自由流通的证券,销售给金融市场上的投资者。[①] 商标证券化属于资产证券化的范畴。企业商标资产证券化,是指企业作为发起人,将未来可以产生可预见的稳定现金流的商标使用许可费或其他商标收益分离和重组作为基础资产,真实出售给特定目的机构,由其通过结构化设计进行信用增级,发行由基础资产担保的可自由流通的证券,并将证券销售给金融市场上的投资者。企业商标证券化包括如下关键要素。

(一)发起人

发起人,也称原始权益人,是证券化基础资产的原始所有者。在商标证券化中,发起人通常是拥有商标权的企业。在特定情况下,发起人也可以不是商标权人,例如,商标独占许可中的被许可人。发起人在商标资产证券化起着非常重要的作用。发起人有融资需求,需要发起融资活动。当然,也不是任何企

---

① 洪艳蓉:《资产证券化法律问题研究》,北京大学出版社 2004 年版,第 6 页。

业都可以随随便便发起商标权资产证券化。商标资产证券化的发起人,通常必须拥有权属清晰的商标权,有可预见的稳定的商标收益,且行业前景比较好。

(二)基础资产

基础资产是指未来可以产生可预见的稳定现金流的商标使用许可费或其他商标收益。实践中,可证券化的商标资产应当具有如下标准:第一,核心标准是商标资产在未来能够产生可预测的、稳定的现金流收益;第二,权属关系清晰,不存在附带抵押、质押等担保负担或者其他权属限制;第三,基础资产必须可以转让。① 只有较高知名度的商标,通常是驰名商标,才拥有大量稳定的消费者群体,可以产生可预见的稳定收益。例如,Guess 是一家位于洛杉矶的服饰公司,拥有包括 Guess 在内的许多驰名商标,它向各类生产商发放商标使用许可,所涉及的产品包括手表、鞋子、手提包、衣服和眼镜等。2003 年年初,Guess 公司成立了远离破产风险的证券化特殊目的机构——Guess Royalty Finance LLC,并以 14 份商标许可使用合同为基础发行了 7500 万美元债券。②

(三)特定目的机构(SPV)

特定目的机构,是指在资产证券化过程中,接受发起人的转让资产,或受发起人委托持有资产,并以该资产为基础发行证券,并通过承销人将证券销售给投资者的机构。特定目的机构是资产证券化金融产品的发行人。特定目的机构是整个资产证券化的核心,所有活动都围绕它开展。

(四)信用评级与增级机构

资产证券化中的信用评级,是指独立的第三方信用评级机构对资产证券化金融产品的债务人如期足额偿还债务本息的能力和意愿进行评价,并用简单的评级符号表示其违约风险和投资者损失的严重程度。如果资产证券化金融产品属于债券,发行前必须经过信用评级机构进行评级。资产证券化金融产品通常具有较复杂的金融结构形式,风险较大。投资者,即便是机构投资者,很难准确判定资产证券化的风险,依赖专业的信用评级机构对资产证券化金融产品的评级进行投资。对发起人而言,资产证券化信用评级是发行定价

---

① 王莲峰:《商标资产运用及商标资产证券化》,法律出版社 2018 年版,第 154 页。
② 邹小芃、周梦宇、李鹏:《商标权证券化浅析——以 Guess.Inc 为例》,载《华东经济管理》2009 年第 8 期。

的重要参考因素,获得良好的评级结果可以降低融资成本,提高融资效率。[1] 资产证券化中的信用增级,是指发行人为吸引更多的投资者,成功发行资产证券化产品,通过自身或第三方来增加证券化产品信用等级的行为。资产证券化中的信用增级可分为发起人提供的信用增级、发行人提供的信用增级、第三方提供的信用增级和证券化中信用的自我增级等四种形式。[2]

（五）托管人

托管人,是指为维护资产证券化产品持有人的利益,由特殊目的机构依法聘请的对基础资产和资金进行保管,并对涉及基础资产和资金相关的行为进行监督的金融机构。托管人是维护商标权资产证券化顺利运作的重要机构。

（六）证券承销人

证券承销人,是指与发行人签订承销协议,负责向社会公开销售商标权资产证券化产品的证券公司或投资银行。如果商标权资产证券化涉及金额较大,可以由两家以上证券公司或投资银行组成承销团负责承销。

（七）证券投资者

资产证券化投资者,是指在资产证券化中以取得利息、股息或资本收益为目的而买入资产证券化金融产品的个人或机构。证券投资者是资产证券化活动的资金供给者。资产证券化金融产品,由于机构复杂、风险较大,比较适合机构投资者进行投资。

商标资产证券化的基本流程包括：第一步,发起人（商标权人）确定资产证券化的基础资产。即发起人选择可以在未来产生稳定现金流的商标资产,通常是商标使用许可收益。第二步,成立特定目的机构。特定目的机构承担了接受基础资产、风险隔离和发行证券多重职能。特定目的机构可以采用公司型、信托型和合伙型中的任一种。第三步,发起人将选定的基础资产进行分离和重组,形成资产池,然后打包"真实出售"给特殊目的机构。第四步,特殊目的机构利用资产池产生的现金流作为支撑在金融市场上发行商标资产支持证券,并聘请评级机构和增级机构对证券进行评级和增级,然后委托承销商将证券销售给投资者。第五步,特殊目的机构从承销商获得证券发行收入,依照约

---

[1] 薛小飞：《中国资产证券化信用评级研究》,载《清华金融评论》2017年第2期。
[2] 丁童：《资产证券化中的信用增级》,载《企业改革与管理》2009年第6期。

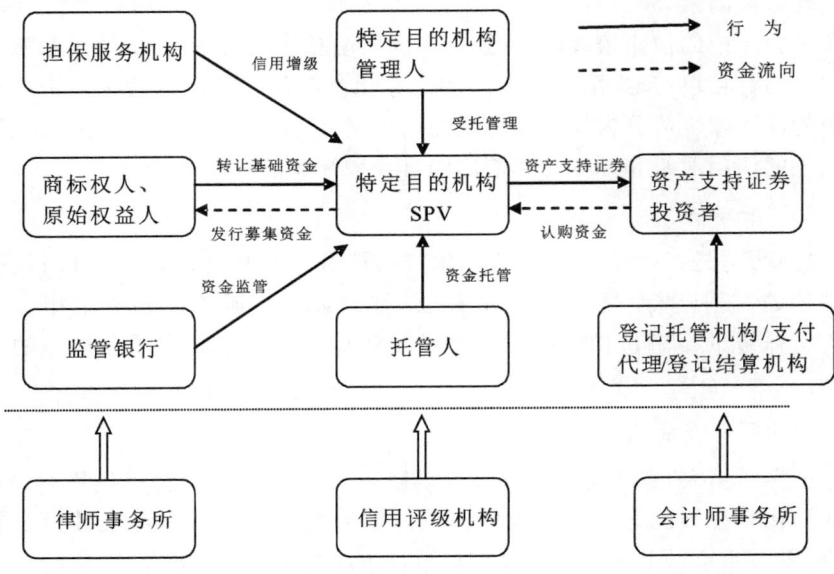

图 3-4 商标资产证券化关系图①

定的基础资产购买价格,向发起人支付对价。第六步,持续管理资产池,利用资产池产生的现金流来支付投资者的投资回报。在管理过程中,对涉及投资者利益的相关事项予以及时披露,做到信息公开透明。第七步,投资人依法或依据约定收回投资,商标权资产证券化产品退出证券市场。

## 二、企业商标证券化的风险

如果企业通过商标证券化达到融资目的,同时又借助特殊目的机构隔离了证券化风险,避免直接对投资者承担责任,那么商标证券化就是非常成功的。反之,商标证券化就是不成功的。企业在商标证券化过程中,可能面对如下风险。

(一)基础资产没有"真实销售"

真实销售是指,发起人将基础资产真实转让给特定目的机构,并且从发起人的资产负债表剔除。基础资产转让后,与发起人(转让方)在法律上彻底隔离。发起人的资产与特定目的机构的资产在法律上彻底隔离。作为接收方的

---

① 王莲峰:《商标资产运用及商标资产证券化》,法律出版社 2018 年版,第 142 页。

特定目的机构有权力对受让的基础资产进行抵押和交易。作为转让方的发起人对转出的资产不能够再进行任何直接或间接的控制。即便发起人破产,也不会影响到转让后的基础资产。发起人只有将基础资产真实销售给特定目的机构,才能达到将风险转移给特定目的机构的效果。

实践中,有几种情形可能导致基础资产转让而不构成真实销售。第一,发起人与特殊目的机构合谋欺骗投资者。发起人与特殊目的机构合谋一起隐瞒商标证券化基础资产的真实情况,或者以不公平的市场价格转让资产,将风险留给投资者。第二,发起人存在欺诈行为。作为发起人的企业对自己的商标资产的真实情况是最清楚的。如果发起人隐瞒了商标许可情况(例如商标许可类型、被许可人信息、商标许可费违约)和商标法律状态(可能无效或被撤销)等情况,再将基础资产转让给特殊目的机构,则属于资产转让欺诈行为。如果不能解决发起人利用信息优势"套利",道德风险和逆向选择问题会非常突出,资产证券化就无法持续开展。[1] 第三,发起人未将资产的权利义务转给特殊目的机构。发起人与特殊目的机构签订资产转让协议之后,仍然能够对转出的资产进行直接或间接的控制。在资产转让结束后,对发起人与特定目的机构的关系进行分析。如果资产转让后,特殊目的机构依据追索条款、担保条款、回购条款,仍然可以要求发起人承担相应义务,则可能影响到"真实销售"的认定。

如果发起人与特殊目的机构之间的商标资产转让行为未能符合"真实销售"的要求,有可能导致交易无效或可撤销风险和重新定性风险。[2] 如果发起人与特殊目的机构合谋欺骗投资者,以合法形式掩盖非法牟利的目的,依据我国《合同法》第52条的规定,这样的合同是无效的。如果发起人隐瞒商标资产真实情况,则发起人与特殊目的机构之间签订的转让协议是可以撤销的。《民法总则》第148条规定,一方以欺诈手段,使对方在违背真实意思的情况下实施的民事法律行为,受欺诈方有权请求人民法院或者仲裁机构予以撤销。如果发起人与特殊目的机构签订资产转让协议之后,仍能够有效控制资产、抽取资产利润或负担资产风险,则交易就存在重新定性风险,发起人将无法将转移资产剔除出资产负债表。总而言之,资产转让行为未被认定为"真实销售",发起人将不能够达到通过特殊目的机构隔离风险的目标,从而导致商标资产证券化失败或者导致发起人需要直接向投资者承担责任。

---

[1] 章彰:《资产证券化风险管理的视角与逻辑(下)》,载《银行家》2019年第1期。
[2] 洪艳蓉:《资产证券化法律问题研究》,北京大学出版社2004年版,第49~58页。

## （二）发起人与特定目的机构存在"实体合并"

设立特定目的机构有两个目的：一是真实销售，另一个是破产隔离。破产隔离是指已转让给特定目的机构的基础资产与原始权益人（发起人）的其他资产实现风险隔离。① 如果特定目的机构与原始权益人（发起人）存在"实体合并"，则破产隔离会被排除。所谓实体合并，从法律角度上看，是指由于符合某种条件，SPV 被视为发起人的从属机构，其资产和责任，在发起人破产时被归并到发起人的资产和责任当中，视同为一个企业的资产和责任；从会计处理角度看，是指 SPV 的账户被合并为发起人的账户，原已转让的资产重新又回到了发起人的资产负债表上，使发起人融资的表外处理变得不可能。②

美国司法实践中关于发起人与特定目的机构"实体合并"的考量因素包括：③第一，SPV 是否有独立的组织名称、办公地点和工作人员。第二，SPV 是否拥有充足的资本。第三，SPV 是否拥有独立于发起人的董事，是否有适当地召开董事会议，自主地决定 SPV 的相关事务，而不是听命于发起人。第四，SPV 与发起人之间的资产转让是否有明确的文件记载并办理了相应的法律手续；是否在此之后，SPV 建立了独立的账户并保存有相关的会计记录，而不是与发起人共同使用相同的账户进行收支的处理，避免发起人资产的混合。第五，SPV 在分离资产和确定独立责任上是否存在困难以及困难的程度如何，SPV 是否曾经有过被合并到发起人财务报表中的记录。第六，SPV 与发起人之间利益的一致性和所有权的关系如何。第七，SPV 是否有发起人为其提供的担保或贷款。第八，SPV 与发起人之间的业务往来，是否遵循了与第三方之间的正常交易规则，而不是使得 SPV 的业务与发起人的业务相混合。第九，SPV 是否取得了发起人提供的法律意见书，表明发起人在破产时，不会"实体合并"SPV。这些考量因素对于我国商标资产证券中发起人与 SPV 是否存在实体合并具有重要意义。在商标资产证券化中，如果发起人与特定目的机构之间存在前述情形，则有可能被判定为实体合并，破产隔离会被排除，发起人需要直接向投资者承担责任。

---

① 刘思海：《论资产证券化中的特定目的机构》，载《江苏大学学报（社会科学版）》2018 年第 5 期。
② 洪艳蓉：《资产证券化法律问题研究》，北京大学出版社 2004 年版，第 49～58 页。
③ 洪艳蓉：《资产证券化法律问题研究》，北京大学出版社 2004 年版，第 70～71 页。

## 三、企业商标权证券化风险的防范

企业在商标证券化过程中,应当确保资产转让达到真实销售的认定标准,并且尽量避免与特定目的机构存在"实体合并"的情形。具体措施如下。

(一)遵循诚实信用原则

在商标证券化过程中,作为发起人的企业应当遵循诚实信用原则,履行相应的法律义务。首先,提供合格的可证券化商标基础资产。有学者认为可证券化的知识产权资产类型通常包括知识产权应收账款、知识产权许可协议、知识产权经济权利、知识产权诉讼赔偿。[①] 无论属于哪一种类型,合格的可证券化商标资产应当具备权利状态清晰、不易无效或被撤销、能够产生可预见的稳定现金流三个特征。在商标证券化过程中,发起人应当如实提供商标资产的真实情况。其次,发起人不得与特殊目的机构共同欺骗投资者。包括共同伪造相关文件,隐瞒基础资产的真实情况,或以不公平的市场价格转让资产等。最后,维护商标权的稳定性。发起人将基础资产转给特殊目的机构之后,仍然要积极维护商标权的稳定性,按时续展,保证商品或服务的质量,防止商标权淡化或退化等,从而确保商标证券化基础资产的稳定性。

(二)隔离已转让基础资产

发起人将商标证券化基础资产转让给特殊目的机构之后,必须将基础资产相关的权利义务全部转让。例如,以商标使用许可协议作为基础资产,实际上就是以协议中的债权性收益作为证券化基础资产。特殊目的机构应当拥有所购买资产的账簿、会计记录,实现对收款账户的控制权。如果发起人在基础资产转让之后,仍然控制收款账户,就存在基础资产与发起人资产混淆的风险。同时,发起人应当尽量避免直接与基础资产有任何关系。发起人不要与特殊目的机构签订回购条款或者追索条款。如果基础资产需要增级,应当采用外部机构进行增级,发起人不应当直接对基础资产进行增级。当然发起人可以对外部增级机构提供反担保。

(三)确保"特定目的机构"的独立性

发起人要进行商标资产证券化,需要设立特殊目的机构。不可否认,特殊目的机构必定会受到发起人的影响。然而,为了确保转让给特定目的机构的

---

① 焦方太:《知识产权证券化中适格资产的选择问题》,载《战略决策研究》2014年第6期。

基础资产与原始权益人（发起人）的其他资产实现风险隔离，发起人必须确保特殊目的机构的独立性，不得操纵或影响特殊目的机构。特殊目的机构必须保持如下方面的独立性：第一，机构独立。特殊目的机构应该有独立的组织名称、办公地点和工作人员。第二，意思独立。特殊目的机构应当能够具有独自表示意思的机关。特殊目的机构应当有独立的股东会、董事会、监事会，能够自主地决定基础资产的相关事务，而不是听命于发起人。第三，财产独立。特殊目的机构与发起人之间的资产转让有明确的文件记载并办理了相应的法律手续。特殊目的机构有独立的账户和会计记录。第四，利益独立。特殊目的机构与发起人之前所有权关系明晰，不是利益共同体。特殊目的机构没有向发起人提供贷款或贷款担保。特殊目的机构与发起人之间的业务往来符合市场原则，遵循了正常交易规则。第五，责任独立。特殊目的机构能够独立承担相应的法律责任，不需要发起人承担连带责任。特殊目的机构已经取得了发起人提供的法律意见书，表明发起人在破产时，不会"实体合并"特殊目的机构。

## 第五节　企业商标权出资管理

### 一、商标权出资的概念

商标权出资，是指商标权人以商标权作为出资财产投入公司，并取得公司股权的行为。[①] 我国《公司法》第27条规定，股东可以用货币出资，也可以用实物、知识产权、土地使用权等可以用货币估价并可以依法转让的非货币财产作价出资；但是，法律、行政法规规定不得作为出资的财产除外。对作为出资的非货币财产应当评估作价，核实财产，不得高估或者低估作价。法律、行政法规对评估作价有规定的，从其规定。尽管商标权出资与实物出资、土地使用权出资一样都需要进行评估作价，但是区别还是比较明显的。实物和土地使用权都有相应比较确定的市场价格，而商标权没有比较确定的市场价格，很难准确评估。商标权作价金额最后的确定还是需要公司设立发起人之间在评估金额基础上进行协商。

商标权出资两种方式：第一种，以商标所有权出资。商标权出资后，企业

---

① 鄂昱州：《论商标出资适格性要件》，载《学术交流》2015年第4期。

必须将商标权转让给被投资公司,并经过商标局核准同意。企业将失去商标所有权,而被投资公司将获得商标所有权。第二,以商标使用权出资。商标使用权出资,也称商标用益出资,是指不转移商标的所有权,只转移商标的使用收益权作为出资。① 商标权人按照协商好的条件将注册商标许可给被投资企业使用,但是商标所有权没有变动,依然属于出资人所有。

### 二、企业商标权出资的风险

(一)出资方式约定不清晰

企业商标权出资包括企业商标所有权和企业商标使用权出资两种方式。商标使用权出资实际上相当于商标使用许可。商标使用许可又包括独占使用许可、排他使用许可和普通使用许可。采用商标使用权出资方式,不能够让商标权人一次性、永久或不可恢复地丧失支配和使用商标的权利,否则这种商标使用权出资合同(实质上是商标使用许可合同)很可能会被认为超越了商标使用许可的界限,容易被认定为名为许可、实为转让,有规避商标转让管理制度的嫌疑,增加了合同或相关条款被认定为无效的风险。② 相对而言,独占使用许可方式对被投资公司来说最有利。如果被投资公司仅仅享有注册商标的普通使用许可,则意味着可能有其他人使用该注册商标,存在使用相同商标的竞争对手。因此,采用哪一种商标权出资方式对于被投资公司来说影响是非常大的。如果商标权出资方式约定不清晰,必然引发相关的投资纠纷。

实践中,有很多这样的案例。例如,甲公司拥有一件在无锡地区享有盛誉的注册商标,但因公司资金不足而难以扩大规模。乙公司是一家投资公司,看上了甲公司的商标,遂提出与甲公司进行合作,希望借其商标名气迅速发展。两公司一拍即合,计划由甲公司出商标权、乙公司出资成立新公司进行发展。但在办理相应手续的过程中,甲、乙公司对商标权入股方式产生了争议。甲公司想以注册商标的独占许可使用权入股,乙公司则要求甲公司以商标权出资。③ 这个案例实际上就是甲公司与乙公司之间在商标权出资方式上约定不清晰导致的。

---

① 聂君:《商标使用权出资法律问题探析》,载《安庆师范学院学报(社会科学版)》2014年第2期。
② 贾国栋:《商标权出资的法律风险》,https://wenku.baidu.com/view/93312de95ef7ba0d4a733bac.html,最后访问日期:2019年8月24日。
③ 钱进:《商标权出资方式的案例思考》,载《中华商标》2013年12期。

## （二）未遵循商标权出资程序

企业以商标权出资时没有遵循法律规定的出资程序，也会有较大风险。企业以商标权出资应当先做价值评估，确定好出资金额，然后再向被投资公司办理相关出资手续。在上海福生豆制食品有限公司（简称"福生公司"）与上海圃园福生绿色食品有限公司（简称"圃园公司"）商标权出资纠纷案件中，[①]福生公司拟以第 1157516 号"张小宝"商标作价出资，投资圃园公司。在商标权价值评估和验资之前，福生公司就已经将"张小宝"商标权转让予圃园公司，且经过商标局核准同意，并于 2009 年 10 月 20 日第 1188 期予以商标转让公告。然而，福生公司依据《公司法》第 31 条[②]向圃园公司要求签发出资证明书，却遭到圃园公司拒绝，因而面临巨大法律风险。如果企业以商标使用权出资，又未履行商标使用许可合同备案手续，则可能导致商标使用许可不能对抗善意第三人。

## （三）不予核准商标权出资转让

企业以商标所有权出资，必须将注册商标转让给被投资公司。根据我国《商标法》第 42 条的规定，企业应当与被投资公司签订注册商标转让协议，并且共同向商标局提出转让申请。在转让注册商标时，还应当将在同一种商品上注册的近似的商标，或者在类似商品上注册的相同或者近似的商标，一并转让。商标局核准注册商标转让的，将予以公告。受让人自公告之日起享有商标专用权。商标局对容易导致混淆或者有其他不良影响的转让，可以不予核准。这意味着企业商标所有权出资并不完全取决于当事人的意志。由于"容易导致混淆或者有其他不良影响"没有明确的标准，导致商标所有权出资能否成功存在不确定性。实践中，商标权投资都是在被投资公司成立后才办理转让手续。一旦商标局对出资人转让注册商标行为不予核准，将导致出资人出资无法到位，从而严重动摇股东或者合资双方的合作基础，使公司陷入进退维谷的境地，对参与合作的任何一方来说，都是一种巨大的风险。[③]

---

[①] 〔2015〕沪二中民四（商）终字第 890 号。

[②] 《公司法》第 31 条："有限责任公司成立后，应当向股东签发出资证明书。出资证明书应当载明下列事项：（一）公司名称；（二）公司成立日期；（三）公司注册资本；（四）股东的姓名或者名称、缴纳的出资额和出资日期；（五）出资证明书的编号和核发日期。出资证明书由公司盖章。"

[③] 贾国栋：《商标权出资的法律风险》，https://wenku.baidu.com/view/93312de95ef7ba0d4a733bac.html，最后访问日期：2019 年 8 月 24 日。

（四）无法控制注册商标权

企业商标权出资的最大风险在于投资失败，又可能失去对商标权的控制。20世纪90年代中期是我国引进外资的一个高潮期。许多跨国公司与我国企业建立合资公司，开拓中国市场。国内很多企业与外方合资时，将具有较高知名度的商标所有权作价入股，或将商标使用权作为出资入股。多年合资经验表明，中方企业以商标所有权出资后，可能将永远失去注册商标权，而且很多高知名度民族品牌最终在合资公司采用雪藏或打压手段后消失了。中方企业以商标使用权出资，如果在商标许可使用合同中没有预先设置品牌保护条款，最终也会导致高知名度商标渐渐淹没于同类商品之中。

1994年，美国宝洁公司为打开中国市场，与北京日化二厂签订合资协议，租用"熊猫牌"洗衣粉50年。实际上就是将第107923号"熊猫牌"洗衣粉商标使用权作为合资条件。合资前，"熊猫牌"洗衣粉曾叱咤风云，以近10%的洗衣粉市场占有率，稳居全国洗衣粉的三甲之列。这也是美国宝洁公司欲借助"熊猫牌"洗衣粉快速打开中国市场的原因。然而，美国宝洁公司主导的合资公司在经营过程中着眼于高档洗衣粉市场，力推旗下的高档洗衣粉品牌"汰渍"和"碧浪"。合资公司将物美价廉见长的"熊猫牌"洗衣粉价格提高，但又没有升级配方，导致"熊猫牌"洗衣粉市场占有率急剧下降。最后，美国宝洁公司向北京日化二厂提出终止合资，北京日化二厂还花费了巨资赎回商标使用权。①

1994年年初，联合利华公司与上海牙膏厂合资组建上海联合利华牙膏有限公司。上海牙膏厂将第100079号"中华"商标图和第507122号"美加净"商标许可给合资公司使用。② 在合资之初，美加净牙膏在中国可以算得上是威名赫赫，

图 3-5 中华牙膏商标

年销量6000万支，出口量全国第一，但是到2000年上海牙膏厂决定将"美加净"牙膏商标收回时，年销量却只有2000万。③ 前述两个案例都是无法控制

---

① 人民网：《日化二厂与宝洁中止50年租借合约——熊猫洗衣粉回家了》，http://www.people.com.cn/GB/channel3/23/20000906/220791.html，最后访问日期：2019年9月15日。

② 郑大德、唐群：《"中华""美加净"牙膏品牌许可合资企业使用利弊之我见》，载《牙膏工业》1995年第3期。

③ 郑作时：《美加净：合资7年之痛》，载《南风窗》2001年第6期。

商标权的经典教训案例。

### 三、商标权出资风险的防范

(一)明确商标权出资方式

企业以商标权出资,应当明确约定商标权出资方式,避免因出资方式争议导致纠纷。企业以商标权出资时,可以将注册商标的知名度作为选择出资方式的主要依据。如果企业注册商标只是一个普通商标,相对来说知名度不高,可以采用商标所有权出资方式。即便投资失败失去商标权,企业重新注册商标的代价也不是很高。如果企业注册商标已经是驰名商标或者具有较高知名度的商标,则应当采用商标使用权出资方式,以免失去对商标权的控制,导致前期努力化为乌有。对于出资企业来说,即使以商标使用权出资,也还是有选择空间。从有利于出资企业的角度,最好采用普通使用许可方式,次之采用排他使用许可,最后才选择独占使用许可方式。

(二)遵循商标权出资程序

企业以商标权出资应当遵循法律规定的出资程序。如果以商标所有权出资,应当委托商标权价值评估机构进行评估,然后与出资各方商量作价金额,再与被投资公司签订《商标转让合同》,并依据《商标法》第42条的规定报商标局核准。如果企业以商标使用权出资,应当与被投资公司签订《商标使用许可合同》,并根据《商标法》第43条的规定报国家知识产权局商标局备案。

(三)约定不予核准转让补救手段

如果国家知识产权局商标局不予核准商标转让,那么出资合同中约定商标权出资转让条款是否有效?关于这个问题有三种观点。[①] 第一,该条款有效。商标权核准转让相当于物权变动过户行为,不影响债权合同的有效。商标权出资人仍负有合同义务。第二,该条款不生效或者无效。商标局核准行为属于审核性的行政行为,属于合同法所说的法律、行政法规规定应当办理批准、登记等手续生效的情形。商标局不核准,该条款就不生效。第三,无论该条款是否有效,在商标局不予核准的情况下,该条款实际上已无法履行。商标权转让属于商标局决定范围的事情,不属于合同当事人的能力范围。如果商标所有权出资是企业出资的唯一选项,则依据"商标权出资转让条款是否有

---

① 贾国栋:《商标权出资的法律风险》,https://wenku.baidu.com/view/93312de95ef7ba0d4a733bac.html,最后访问日期:2019年8月24日。

效"的结论来预先约定补救方式才有意义。如果商标所有权出资仅仅是企业出资的一种选项,企业对投资目标企业志在必得,则根本不需要讨论"商标权出资转让条款是否有效"的结论。企业应当在出资合同中事先约定好备选的出资方式,例如采用现金出资或其他实物出资等。

(四)设置商标权收回条款

企业以商标所有权出资,由于要将注册商标转让给被投资公司,如果被投资公司经营失败,注册商标必定被拍卖抵债;如果投资过程中,要将商标赎回,则需要花费巨资。如果企业以商标使用权出资,可以在出资合同中设置商标权收回条款。一旦被投资公司触发商标权收回条款,商标权出资人可以将商标使用权收回。上海牙膏厂与联合利华设立合资公司过程中,通过在《商标使用许可协议书》中专门设置"质量标准及监督"条款,从6个方面明文规定了使用许可产品的质量及要求。如果合资公司经上海牙膏厂书面通知后,仍然多次未达到《商标使用许可协议书》规定的产品质量标准,上海牙膏厂可以采取下列行动:第一,有权暂停合资公司制造及销售有关合同产品,直至被许可人显示出有能力稳定地生产出符合质量标准的产品。第二,不再允许被许可人制造及销售有关合同产品。第三,终止使用许可协议。[①] 2001年,上海牙膏厂根据这些条款将美加净牙膏商标使用权收回的。

---

① 郑大德、唐群:《"中华""美加净"牙膏品牌许可合资企业使用利弊之我见》,载《牙膏工业》1995年第3期。

# 第四章　企业商标维权管理

企业商标维权是指企业通过商标风险监测，及时发现注册商标存在的危险，并积极采取应对措施的法律活动。企业商标维权途径主要包括协商维权、行政维权、司法维权和仲裁维权等四种方式。行政维权和司法维权是企业当前维护商标权的主要途径。

## 第一节　企业商标维权概述

### 一、企业商标维权的概念

企业商标维权是指企业通过商标风险监测，及时发现企业商标存在的所有风险，并积极采取应对措施的法律活动。企业商标风险可以分为注册前和注册后两个阶段。注册前风险主要是商标注册申请被驳回或者在初步审定公告期内被提起异议，导致商标注册不成功。企业应当及时采取措施，应对驳回或异议风险，确保商标注册申请获得成功。注册后风险主要包括五种情形：(1)国家知识产权局商标局依职权对企业注册商标予以撤销或宣告无效。(2)竞争对手或其他人向国家知识产权局商标局申请对企业注册商标予以撤销或宣告无效。注册商标被撤销或被宣告无效是一种致命的商标风险，因为注册商标一旦被撤销或宣告无效，则企业注册商标专用权就不存在了。(3)竞争对手或其他人向国家知识产权局商标局申请注册相同或近似的商标。这有可能造成消费者混淆商标主体，并导致企业注册商标被淡化。(4)竞争对手或其他人实施我国《商标法》第 57 条[①]规定侵犯注册商标专用权的行为。(5)企业在商标运用或商标维护过程中存在的风险。例如,企业在注册商标有效期届满后,没有及时续展导致商标被注销的风险。企业在商标注册成功之后,应当及时监测注册商标可能存在的各种风险,并采取相应措施排除商标风险。

## 二、企业商标风险监测

企业商标风险监测是企业商标维权的前提基础。企业商标风险监测是企业对商标注册前和商标注册后可能存在的商标风险进行全程监控,识别可能存在的所有商标风险,为商标维权进行铺垫的所有活动。通过商标风险监测,可以及时避免"阻碍商标注册"、"注册商标被撤销或被宣告无效"、"竞争对手或其他人申请注册注册相同或近似的商标或者实施我国《商标法》第 57 条规定的侵犯注册商标专用权的行为"和"企业在商标运用或商标维护过程中存在的风险"等商标风险,以便企业及时相应措施,消除商标风险。

企业商标风险监测分为两类:第一,线上风险监测。监测重点主要包括中国商标网、淘宝网、京东网、拼多多等电子商务平台。对中国商标网的监测,企业可以随时监测企业注册商标的实时动态,以及是否有竞争对手或他人提起与企业注册商标相同或类似的商标。对淘宝网、京东网、拼多多等电子商务平台的监测,企业可以及时发现是否有竞争对手或他人实施《商标法》第 57 条规定的侵犯注册商标专用权的行为。随着网络越来越普及,网络已经成为商标侵权的泛滥之地,因此企业应当重视对淘宝网等大型综合电子商务平台和专业性电子商务平台进行重点监控。第二,线下风险监测。企业商标主管部门应当实时监测商标运用或商标维护过程中存在的风险。企业还应当重视各种展会、超市、集贸市场等线下场所的商标风险监测。企业可以充分利用销售网点作为线下商标风险监测阵地,对销售人员商标知识培训,通过销售人员对销售网点周边市场进行监测,及时发现商标侵权信息。只有全方位、多角度地对

---

① 《商标法》第 57 条:"有下列行为之一的,均属侵犯注册商标专用权:(一)未经商标注册人的许可,在同一种商品上使用与其注册商标相同的商标的;(二)未经商标注册人的许可,在同一种商品上使用与其注册商标近似的商标,或者在类似商品上使用与其注册商标相同或者近似的商标,容易导致混淆的;(三)销售侵犯注册商标专用权的商品的;(四)伪造、擅自制造他人注册商标标识或者销售伪造、擅自制造的注册商标标识的;(五)未经商标注册人同意,更换其注册商标并将该更换商标的商品又投入市场的;(六)故意为侵犯他人商标专用权行为提供便利条件,帮助他人实施侵犯商标专用权行为的;(七)给他人的注册商标专用权造成其他损害的。"

企业商标风险进行监测,才能够为商标维权提供全面的信息。

企业商标风险监测可以采取三种方式:第一,企业商标管理部门自己进行商标风险监测。企业自己监测商标风险,有利于保护商业秘密。大中型企业在人才和资源上都比较有优势,可以选择这种方式。第二,委托律师事务所或知识产权服务公司(商标代理机构)进行商标风险监测。企业应当与律师事务所或知识产权服务公司(商标代理机构)有良好的合作协议,并签订保密协议。小微企业相对而言比较缺乏人才和资源,可以选择这种方式,以便节约企业运营成本。第三,企业自己监测与委托第三方监测相结合。企业商标主管部门负责监测商标运用或商标维护过程中存在的风险。企业委托律师事务所或知识产权服务公司(商标代理机构)负责线上商标风险监测,以及各种展会、超市、集贸市场等线下场所的商标风险监控。这种监测方式的好处在于,可以最大限度地保护商业秘密,同时又有利于节约企业运营成本。这种方式适用于各种类型的企业。

## 三、企业商标维权方式选择

### (一)协商维权

我国《商标法》第60条规定,有《商标法》第57条所列侵犯注册商标专用权行为之一,引起纠纷的,由当事人协商解决;不愿协商或者协商不成的,商标注册人或者利害关系人可以向人民法院起诉,也可以请求工商行政管理部门(现市场监督管理机构)处理。也就是说,协商是企业维护商标权的一种方式。企业发现他人侵犯注册商标专用权,可以直接联系侵权人,要求停止侵权并赔偿损失,或者缴纳商标使用许可费。如果通过协商能够解决问题,则不需要通过商标行政主管部门处理或向法院起诉,减少人力和物力的投入。通过协商解决商标纠纷,企业应当坚持及时解决问题的理念,不能够拖太长时间。有些时候,商标侵权人有可能通过拖时间,来达到金蝉脱壳的目的。如果不能及时解决问题,企业应当通过其他途径维权。

### (二)行政维权

知识产权行政管理体制改革之前,原国家工商行政管理总局商标局是商标注册机关,商标评审委员会是商标评审机关,各级工商局(现市场监管局)是商标行政执法机关。知识产权行政管理体制改革之后,国家知识产权局商标局负责商标审查注册,国家市场监管总局、地方各级市场监管局(加挂知识产权局牌子)是商标行政执法机关。海关部门负责进出口方面的商标保护。我国知识产权的法律保护从一开始就是行政主导的,以至于形成了知识产权行政保护与司法保护"双轨制"的中国特色。① 我国知识产权行政保护的最大特色是拥有自上而下的专门知识产权行政保护部门,可以主动行使知识产权执法权。如果企业发现有人涉嫌侵犯注册商标专用权,可以向商标行政执法部门寻求商标权保护。

（三）司法维权

企业可以向司法机关寻求商标权保护。企业针对竞争对手或其他人实施我国《商标法》第57条规定侵犯注册商标专用权的行为,可以向法院提起民事诉讼,要求停止侵权和赔偿损失。企业认为国家知识产权局商标局的商标审查注册行为有错误,导致不能够获得注册商标专用权、商标专用权被撤销或被宣告无效,可以作为原告起诉国家知识产权局。② 企业认为竞争对手或其他人向国家知识产权局商标局申请注册的相同或近似的商标侵犯自身注册商标专用权,通过异议、撤销或无效申请均不能维护注册商标专用,可以作为原告起诉国家知识产权局。对严重侵犯注册商标专用权的行为,涉嫌刑事犯罪的,可以通过司法途径追究相应人员的刑事责任。司法保护是商标权保护的最后一道屏障,是企业维护商标权的最后手段。

（四）仲裁维权

依据我国《仲裁法》的规定,除婚姻、收养、监护、扶养、继承纠纷和依法应当由行政机关处理的行政争议,其他平等主体的公民、法人和其他组织之间发生的合同纠纷和其他财产权益纠纷,可以仲裁。无论是商标合同纠纷还是商标侵权纠纷,只要不涉及注册商标专用权效力和权属确认等具有强烈公权力色彩的行政管理问题,③应当都具有可仲裁性。当然,企业如果想要通过仲裁进行维权,必须与对方当事人达成仲裁协议。在商标合同纠纷中,只要双方当事人在合同中或纠纷发生后能够达成仲裁协议,就可以通过仲裁解决纠纷。在商标侵权纠纷中,如果能够在纠纷发生后达成仲裁协议,应当可以通过仲裁解决纠纷。

综上所述,企业商标维权途径主要包括协商维权、行政维权、司法维权和

---

① 刘峰:《我国知识产权侵权救济实务的"双轨制"》,载《电子知识产权》2008年第3期。

② 商标审查注册行政行为的被告是国家知识产权局。从法理上分析,国家知识产权局商标局作为隶属于国家知识产权局的事业单位,受国家知识产权局委托承担商标审查注册工作,但最终是否办理商标注册证的具体行政后果由国家知识产权局承担。

③ 杨建锋:《商标争议可仲裁性研究》,载《行政与法》2008年第3期。

仲裁维权等四种方式。行政维权和司法维权是企业当前维护商标权的主要途径。后面两节拟对行政维权和司法维权进行较详细的阐述。

## 第二节 企业商标行政维权

### 一、企业商标行政维权的界定

企业商标行政维权可以分为狭义和广义之分。狭义的企业商标行政维权仅指企业申请商标执法机关和其他机关依职权制止和惩罚注册商标专用权侵权的行为。广义的企业商标行政维权是指企业通过承担相应商标行政职能的行政机关维护商标权的行为。本节拟讨论广义的企业商标行政维权。

企业商标行政维权主要包括五种情形：第一，企业在申请注册商标过程中，积极应对商标驳回、商标异议，确保商标注册申请获得核准。第二，企业在商标注册成功之后，及时应对商标撤销或商标无效宣告，维护注册商标专用权。第三，企业阻止竞争对手或其他人向国家知识产权局商标局申请注册相同或近似的商标，或者申请撤销或无效宣告已经成功注册的商标。第四，企业认为商标审查机关和商标执法机关在商标注册、异议、变更、转让、续展、补正、注销、撤销、执法等工作中作出的具体行政行为侵犯其合法权益，可以向有权管辖的复议机关提起行政复议。依据我国《商标法》和《商标法实施条例》的相关规定，商标评审案件不属于行政复议的受案范围。第五，企业针对他人侵犯注册商标专用权的行为，及时请求商标执法部门、海关予以行政保护。

我国企业通常愿意采用行政保护方式维护商标专用权。行政维权相对于司法维权具有一定的优势。在商标侵权案件的查处中，行政查处比司法途径更具高效率、低费用的优势，所以绝大多数权利人还是选择了行政查处的方式。[1] 在当前体制下，行政权相对于司法权更强势更主动。行政执法可以依职权主动出击，集中力量打击违法行为；行政执法快速便捷，可以有效降低维权成本；行政执法方式多样，便于多措并举遏制侵权行为。[2]

---

[1] 王红：《我国商标权的行政执法保护》，载《商业文化》2003年第6期。

[2] 曹红英：《加强知识产权行政保护与司法保护优势互补》，http://jsfzb.xhby.net/mp2/pc/c/201905/17/c633203.html，最后访问日期：2019年8月18日。

商标执法机关有时候会针对国内大型企业或跨国公司的注册商标开展注册商标专用权保护专项行动,严厉打击侵犯相关企业注册商标专用权的违法行为,保护商标权利人的注册商标专用权。这种注册商标专用权保护专项行动的效率非常高,不是普通行政执法保护可以比拟的。2010年8月12日,国家工商行政管理总局发布《关于加强"华润"字号和商标保护工作的通知》(工商办字〔2010〕134号),加大对侵犯"华润"商标专用权案件的查处力度,开展保护"华润"商标专用权专项行动。① 2015年10月19日,国家工商行政管理总局发布《关于开展保护"迪士尼"注册商标专用权专项行动的通知》(工商标字〔2015〕170号),加强迪士尼注册商标的保护,营造良好的知识产权保护环境,保障上海迪士尼乐园和度假区顺利开园和持续发展,在全国开展保护迪士尼注册商标专用权专项行动。②

图4-1 迪士尼商标

## 二、企业商标行政维权的途径

(一)知识产权局

2018年国务院机构改革后,国家知识产权局成为国家市场监管总局管理的国家局。省级知识产权局和地市级知识产权局都直接纳入市场监管局内部,采用市场监管局加挂知识产权局牌子的形式。商标行政管理职能划归国家知识产权局。《国家知识产权局职能配置、内设机构和人员编制规定》第3条第4项规定,国家知识产权局承担商标注册登记和商标复审和无效行政裁决职能。《中央编办关于国家知识产权局所属事业单位机构编制的批复》(中央编办复字〔2018〕114号)规定,将原国家工商行政管理总局商标局、商标评审委、商标审查协作中心整合为国家知识产权局商标局,是国家知识产权局所

---

① 华润集团公司是国务院国有资产监督管理委员会监管的中央企业,是世界500强企业。

② 2019年9月15日,以"迪士尼企业公司"作为申请人在中国商标网查询,可以检索到4601个商标注册记录,其中绝大多数处于有效法律状态。美国迪士尼企业公司拥有迪士尼乐园和米老鼠、唐老鸭等众多经典动画角色,并且将这些都注册了商标进行保护。美国迪士尼企业公司在世界各地都深受假冒商标侵权之困扰,在我国也不例外。美国迪士尼企业公司作为世界500强企业的身份,再加上我国越来越重视知识产权保护,因此中国工商行政管理总局开展保护"迪士尼"商标专项行动也就不稀奇了。

属事业单位。国家知识产权局商标局承担商标注册和商标复审的具体工作，但是商标注册登记和商标复审和无效行政裁决的名义还是国家知识产权局。如果企业认为国家知识产权局履行承担商标注册登记和商标复审和无效行政裁决职能的具体行政行为影响或侵犯其合法权益，可以依法采取相应的行为维权或者申请行政复议。

（二）市场监管局

《国家市场监督管理总局职能配置、内设机构和人员编制规定》第 3 条第 3 项规定，国家市场监督管理总局负责组织和指导市场监管综合执法工作；指导地方市场监管综合执法队伍整合和建设，推动实行统一的市场监管；组织查处重大违法案件；规范市场监管行政执法行为。《国家市场监督管理总局职能配置、内设机构和人员编制规定》第 3 条第 19 项规定，国家知识产权局负责对商标专利执法工作的业务指导，制定并指导实施商标权、专利权确权和侵权判断标准，制定商标专利执法的检验、鉴定和其他相关标准，建立机制，做好政策标准衔接和信息通报等工作。国家市场监督管理总局负责组织指导商标专利执法工作。企业认为商标执法机构的具体行政行为侵犯其合法权益，可以申请行政复议。企业发现竞争对手或其他人实施《商标法》第 57 条规定侵犯注册商标专用权的行为，可以请求市场监督管理部门给予行政保护。

（三）海关

知识产权海关保护，是指海关对与进出口货物有关并受中华人民共和国法律、行政法规保护的商标专用权、著作权和与著作权有关的权利、专利权实施的保护。企业注册商标专用权在海关备案后，可以向海关提出对注册商标专用权采取保护措施。我国海关可以依据《知识产权海关保护条例》的相关规定，禁止侵犯商标专用权的货物进出口。

## 三、企业商标行政维权的措施

（一）提起商标驳回复审

企业向国家知识产权局商标局申请注册商标，有可能被驳回。国家知识产权局商标局驳回商标注册申请的法律依据包括《商标法》第 30 条、第 31 条和第 32 条。如果企业对国家知识产权局商标局驳回商标注册申请不服，可以提起驳回商标注册申请复审申请书。只要申请复审的理由充分，国家知识产权局经复审会同意商标注册申请予以初步审定。江苏金鑫电器有限公司不服第 28930220 号"金鑫 JX 及图"商标注册申请被驳回,向国家知识产权局提起驳回商标复审申请,提交了申请人荣誉、原注册第 954607 号"金鑫 JX 及图"商标所获荣誉和申请商标产品实际使用图片等证据。国家知识产权局经过复审认为,申请商标"金鑫 JX 及图"与引证的第 6446031 号"JX"商标在构成元素、整体外观等方面存在一定差别,并且申请商标与引证商标已分别形成稳定的市场,已经在市场上共存,不会造成消费者的混淆误认,最终决定申请商标在第 9 类电子管、整流器等复审商品上的注册申请予以初步审定,并予以公告。①

(二)提起商标不予注册复审

企业申请注册商标被初步审定公告之后,在先权利人、利害关系人认为违反本法第 13 条第 2 款和第 3 款、第 15 条、第 16 条第 1 款、第 30 条、第 31 条、第 32 条规定的,或者任何人认为违反本法第 4 条、第 10 条、第 11 条、第 12 条、第 19 条第 4 款规定的,都可以向国家知识产权局商标局提出异议。企业应当及时提交异议答辩理由,维护自身权益。如果异议答辩理由被采纳,国家知识产权局商标局作出准予注册决定的,发给商标注册证,并予公告。如果异议答辩理由不被采纳,国家知识产权局商标局作出不予注册决定。企业对不予注册决定不服,可以自收到通知之日起 15 日内向国家知识产权局提出商标不予注册复审。

(三)应对商标撤销申请

企业申请注册商标成功获得核准之后,如果没有规范使用注册商标,擅自改变注册商标、注册人名义、地址或者其他注册事项,在地方工商行政管理部门(现市场监督管理机构)责令限期改正后,期满不改正的,商标局将会撤销企业注册商标。企业没有正当理由连续 3 年不使用商标或者其注册商标成为其核定使用的商品的通用名称,任何单位或者个人可以向国家知识产权局商标局申请撤销该注册商标。无论基于何种原因导致注册商标被撤销,企业都应当及时提交答辩书,附上相关证据,力争避免商标被撤销。即便注册商标被撤销,企业仍然可以自收到撤销通知之日起 15 日内向国家知识产权局提起复审申请。许多家喻户晓的商标都曾经被撤销,但是只要企业应对得当,还是可以将注册商标保住。腾讯公司费尽周折才成功注册第 9085979 号微信商标,在

---

① 中国商标网:《关于第 28930220 号"金鑫 JX 及图"商标驳回复审决定书》,http://wssq.saic.gov.cn:9080/tmsve/pingshen_detail.xhtml?appId=e48b88386d135d2f016d1f54686b5831,最后访问日期:2019 年 9 月 17 日。

2017年7月5日还被他人向商标局提起撤销成为商品/服务通用名称注册商标申请,但是腾讯公司通过答辩仍然成功保住了第9085979号微信商标。

(四)应对商标无效宣告申请

企业已注册商标违反《商标法》第4条、第10条、第11条、第12条、第19条第4款规定的,或者是以欺骗手段或者其他不正当手段取得注册的,国家知识产权局商标局依职权宣告该注册商标无效。这种情形比较少。如果遇到国家知识产权局商标局依职权宣告注册商标无效的情形,企业可以自收到通知之日起15日内及时向国家知识产权局申请复审。大多数情况之下,都是其他单位或者个人请求国家知识产权局宣告该注册商标无效。企业应当在收到国家知识产权局书面通知后,及时按期提交书面答辩,并准备好相关证据。朗科公司的第1509704号"优盘"商标曾经被提起注册商标无效宣告,但是朗科公司经过努力还是使第1509704号"优盘"商标获得维持。[①]

(五)申请商标行政复议

企业认为国家知识产权局或市场监管部门作出的具体行政行为侵犯其合法权益,可以提起行政复议,维护企业商标权益。企业申请行政复议,应提交以下材料:[②](1)行政复议申请书。申请书上应写明复议申请人及其地址和联系电话、被申请人、复议请求和理由。(2)授权委托书。企业委托代理人参加行政复议的,应当提交授权委托书。(3)企业营业执照复印件。(4)行政机关做出具体行政行为的法律文书原件或复印件。(5)证据材料。企业认为行政机关作出的具体行政行为不合法或不合理的证据材料。(6)其他材料。法律、行政法规和复议机关要求提供的或者申请人自己认为有必要提交的其他材料。企业对国家知识产权局作出的具体行政行为不服的,应当向国家知识产权局申请行政复议。企业对国家市场监管总局作出的具体行政行为不服的,应当向国家市场监督管理总局申请行政复议。企业对县级以上市场监管部门商标执法行为不服的,应当向本级人民政府或上一级市场监管部门提起行政复议。

依据《行政复议法》第28条的规定,商标行政复议决定包含四种情形:第

---

① 深圳证券交易所官网:《关于收到〈关于第1509704号"优盘"商标无效宣告请求裁定书〉的公告》,http://www.szse.cn/disclosure/listed/bulletinDetail/index.html?71152ed7-5e54-4bda-83e7-6deea743faaa,最后访问日期:2019年9月17日。

② 中国商标网:《商标注册程序性争议行政复议申请所需材料》,http://spw.sbj.cnipa.gov.cn/bsfw/fyzn/201903/t20190326_292331.html,最后访问日期:2019年8月23日。

一,具体行政行为认定事实清楚,证据确凿,适用依据正确,程序合法,内容适当,决定维持。第二,被申请人不履行法定职责的,决定其在一定期限内履行。第三,如果作出具体行政行为具有"主要事实不清、证据不足的""适用依据错误的""违反法定程序的""超越或者滥用职权的""具体行政行为明显不当的"五种情形中的一种的,决定撤销、变更或者确认该具体行政行为违法。决定撤销或者确认该具体行政行为违法的,可以责令被申请人在一定期限内重新作出具体行政行为。第四,被申请人不提出书面答复、提交当初作出具体行政行为的证据、依据和其他有关材料的,视为该具体行政行为没有证据、依据,决定撤销该具体行政行为。依据《行政复议法》第25条的规定,行政复议决定作出前,申请人要求撤回行政复议申请的,经说明理由,可以撤回;撤回行政复议申请的,行政复议终止。一般情况之下,如果在行政复议过程中申请人与被申请人达成和解,申请人就会撤回行政复议申请,行政复议机关经审查后可以作出行政复议终止的决定。

2016年5月31日,深圳市选秀网络科技有限公司(以下称申请人)委托代理机构递交了第15132451号"选秀及图"商标(以下称涉案商标)的变更注册人名义申请。2016年6月14日,国家工商行政管理总局商标局(以下称被申请人)以"申请人未按照规定提交有关登记机关出具的变更证明原件"为由,对涉案商标变更申请作出不予受理决定。2016年9月26日,申请人向国家工商行政管理总局提起行政复议,认为申请人无法提供有关登记机关出具的变更证明原件是有原因的,因为所在登记机关深圳市市场监督管理局已于2011年6月17日下发明确公告,企业登记信息的变更在该局网站向社会公开,不再另行出具书面信息单。要求撤销被申请人变更不予受理决定。经过沟通,申请人与被申请人达成和解,申请人撤回行政复议申请,被申请人对申请人的变更申请重新进行审查。行政复议机关作出行政复议终止决定。[①] 这说明行政复议是维护企业商标权益的重要途径。

(六)申请商标执法保护

企业在他人侵犯注册商标专用权时可以依据《商标法》第60条的规定请求市场监管部门保护其注册商标专用权。企业在寻求行政保护时应当提交下列资料:(1)投诉书。投诉书应当包括投诉人姓名或名称、地址、联系方式,被

---

[①] 中国商标网:《深圳市选秀网络科技有限公司不服商标局变更申请不予受理决定提起行政复议案》,http://spw.sbj.cnipa.gov.cn/alpx/201803/t20180313_272986.html,最后访问日期:2019年9月16日。

投诉人姓名或名称、地址、联系方式,商标侵权事实及相关情况,投诉的法律依据和投诉人请求。(2)投诉人主体资格证明。包括投诉人身份证或营业执照复印件。(3)商标注册证复印件。证明投诉人拥有合法的注册商标专用权。(4)商标侵权证据,包括商标侵权的实物、商标标识、有关票据、照片等。(5)其他资料。例如,投诉人、商标或商品所获得荣誉的相关证明。通常情况下,投诉人向市场监管部门提交前述投诉材料后,市场监管部门经审核认为投诉材料符合要求,则会启动行政查处工作。

如果投诉出现如下情况,市场监管部门将不予受理投诉:(1)被投诉人不明确。(2)所投诉的侵权事实不清楚。(3)所提交的投诉材料不齐全,并且超过3日没有补齐。(4)不属于受理投诉市场监管部门的管辖范围。(5)投诉人已经就同一侵权事实向人民法院提起民事诉讼。市场监管部门在处理商标侵权案件时,认定侵权行为成立的,责令立即停止侵权行为,没收、销毁侵权商品和主要用于制造侵权商品、伪造注册商标标识的工具,违法经营额5万元以上的,可以处违法经营额5倍以下的罚款;没有违法经营额或者违法经营额不足5万元的,可以处25万元以下的罚款。对5年内实施两次以上商标侵权行为或者有其他严重情节的,应当从重处罚。销售不知道是侵犯注册商标专用权的商品,能证明该商品是自己合法取得并说明提供者的,市场监管部门可以责令商标侵权人停止销售。

2018年4月,中国石油天然气股份有限公司甘肃分公司举报冯某未经许可在流动油罐车罐体上使用"中国石油"注册商标。当日,甘肃省天水市秦州区市场监管局予以立案调查,并依法扣押涉案油罐车辆。经查,冯某自3月中旬起私自在流动油罐车罐体喷绘"中国石油"注册商标,并在天平高速秦州工程标段销售车用柴油,侵犯"中国石油"注册商标专用权。由于案发后,冯某积极配合执法检查,主动终止违法行为,甘肃省天水市秦州区市场监管局对冯某依法从轻处1万元罚款。从这个案例,也可以看出,商标行政执法维权相对于司法维权来说,效率非常高。①

(七)申请海关备案保护

企业可以向海关总署申请商标备案,加强进出口环节的商标专用权保护。根据《知识产权海关保护条例》第7条的规定,企业可以将其注册商标向海关总署申请备案。具体申请流程如下:(1)注册为系统用户。企业注册商标海关

---

① 新浪网:《2018年知识产权行政执法典型案例》,http://news.sina.com.cn/sf/news/fzrd/2019-04-26/doc-ihvhiewr8309622.shtml,最后访问日期:2019年10月6日。

保护备案申请都应当通过"知识产权海关保护系统"提交电子申请。备案申请人在提交备案申请前首先要注册为系统用户,系统用户应当以知识产权权利人的名义进行注册,填写用户信息并提交海关总署审核,审核通过后获取用户授权。成功后系统会以电子邮件的方式通知申请人。(2)录入并提交备案申请数据。注册用户登录保护系统后,应按照相关提示在申请新备案窗口内填写申请备案的知识产权和其他相关信息,同时上传有关附件,附件大小不能超过系统限制,文件的格式为 pdf 格式,图片格式须为 JPG 或者 BMP,有关附件及图片应当清晰完整。有关备案申请信息填写完整后,点击提交即可成功向海关总署递交申请。(3)获得审核结果。申请人提交申请后,可随时登录系统查询海关总署审核其申请的情况。海关总署将自收到申请人提交的电子申请之日起 30 个工作日内作出核准或者驳回申请的决定。海关总署核准或者驳回备案申请,将通过电子邮件通知申请人。(4)缴纳备案费,并在保护系统中录入缴纳的备案费信息。(5)确认备案费。海关总署财务根据银行流水确认汇款信息,汇款信息确认后,用户账户的账户余额会增加相应的汇款金额。(6)备案生效。当审核结果为审批通过且账户余额大于等于应缴纳金额时,备案自动生效。生效后,系统会通过电子邮件通知用户。企业注册商标在海关成功备案后,如果发现侵权嫌疑货物即将进出口的,可以向货物进出境地海关提出扣留侵权嫌疑货物的申请,但是应当向海关提供不超过货物等值的担保。如果申请符合《知识产权海关保护条例》的规定,海关应当扣留侵权嫌疑货物,书面通知申请人。海关发现进出口货物有侵犯备案知识产权嫌疑的,应当立即书面通知备案的商标权人。

2018 年 3 月,法国路易威登马利蒂(Louis Vuitton Malletier)公司向杭州海关举报,在东南亚、中亚等国家出现假冒"LV"品牌围巾,很有可能从义乌出口。杭州海关高度重视,开始密切关注相关商品侵权动态。2018年 3 月 16 日,杭州海关获悉一批

图 4-2　路易威登马利蒂公司"LV"商标

"LV"围巾刚刚到达义乌托运部。经过周密地制定查处方案,杭州海关通过精准布控将该批货物成功截留,查获出口至柬埔寨的侵犯路易威登马利蒂公司"LV"注册商标专用权围巾 9000 条。杭州海关对该批围巾的报关行、货运代理公司等进行突击调查,第一时间掌握了社交软件原始接单记录等重要证据。最终,杭州海关结合单证流、货物流、资金流、社交流的相关证据,锁定了在柬

埔寨长期从事围巾生意的采购商黄某和义乌市场上假冒围巾的销售店铺。因为涉案金额较大，已经涉嫌犯罪，因此杭州海关依法将案件移送至义乌市公安局。① 这起海关商标维权案件充分显示了海关在维护注册商标专用权中的重要作用。

（八）阻止他人获得相同或近似商标

如果发现有竞争对手或其他人向国家知识产权局商标局申请注册相同或近似的商标，企业必须在初步审定公告期间提起商标异议，力争国家知识产权局商标局不予注册申请商标。如果发现竞争对手或其他人已经获得核准相同或近似注册商标，也应当及时收集相应证据申请撤销或宣告该注册商标无效。这是企业通过行政途径维护注册商标专用权的有效手段。

## 第三节 企业商标司法维权

司法是维护社会公平正义的最后一道防线。尽管行政维权效率更高，但是当相对人对行政行为的效力有质疑时，行政行为依然要经过司法审查才能确定效力。因此，司法维权已经成为企业维护商标权的重要途径。

### 一、企业商标民事诉讼

（一）商标民事案件类型

根据《最高人民法院关于商标法修改决定施行后商标案件管辖和法律适用问题的解释》（法释〔2014〕4号）第1条②规定的人民法院受理商标案件的类

---

① 搜狐网：《海关总署发布2018年中国海关知识产权保护现状及十大典型案例》，http://www.sohu.com/a/309959226_120045408，最后访问日期：2019年10月6日。

② 《最高人民法院关于商标法修改决定施行后商标案件管辖和法律适用问题的解释》（法释〔2014〕4号）第1条规定，人民法院受理以下商标案件：(1)不服国务院工商行政管理部门商标评审委员会（简称"商标评审委员会"）作出的复审决定或者裁定的行政案件；(2)不服工商行政管理部门作出的有关商标的其他具体行政行为的案件；(3)商标权权属纠纷案件；(4)侵害商标专用权纠纷案件；(5)确认不侵害商标专用权纠纷案件；(6)商标权转让合同纠纷案件；(7)商标使用许可合同纠纷案件；(8)商标代理合同纠纷案件；(9)申请诉前停止侵害商标专用权案件；(10)因申请停止侵害商标专用权损害责任案件；(11)因商标纠纷申请诉前财产保全案件；(12)因商标纠纷申请诉前证据保全案件；(13)其他商标案件。

型,可以总结出企业可以提起的主要民事诉讼案件类型包括:第一,商标权权属纠纷案件。即企业与他人因为商标权权属争议产生的民事纠纷案件。第二,侵害商标专用权纠纷案件。当他人实施《商标法》第52条规定的五种侵犯商标专用权行为时,企业可以提起民事诉讼进行维权。第三,商标权转让合同纠纷案件。即企业与他人因为商标权转让产生的民事纠纷案件。第四,商标使用许可合同纠纷案件。即企业与他人因为商标使用许可合同纠纷产生的民事纠纷案件。第五,商标纠纷民事诉讼前置程序。企业可以向法院申请诉前停止侵害商标专用权、诉前财产保全或诉前证据保全。

(二)企业诉前准备工作

绝大多数企业都会委托律师事务所负责民事诉讼案件,但是企业法务部门可以为民事诉讼做一些准备工作。

1.确定被告

企业如果想通过民事诉讼维护注册商标专用权,首先应当明确谁是被告。被告是被诉侵犯原告商标权益或与原告发生其他商标争议,经法院通知应诉的人。对于商标权人来说,商标民事诉讼的被告可能是商标侵权人、商标被许可人、商标权转让人等。

2.确定管辖地

第一,级别管辖。根据《最高人民法院关于商标法修改决定施行后商标案件管辖和法律适用问题的解释》(法释〔2014〕4号)第3条的规定,第一审商标民事案件,由中级以上人民法院及最高人民法院指定的基层人民法院管辖。涉及对驰名商标保护的民事案件,由省、自治区人民政府所在地市、计划单列市、直辖市辖区中级人民法院及最高人民法院指定的其他中级人民法院管辖。最高人民法院一般会根据各省市的实际情况,在较大城市确定1~2个基层人民法院受理第一审商标民事纠纷案件。

第二,地域管辖。商标民事诉讼案件的地域管辖根据不同类型案件有所不同。商标权权属纠纷案件的管辖法院一般是由被告住所地法院管辖。侵害商标专用权纠纷案件的管辖法院主要是侵权行为地或者被告住所地人民法院。根据《最高人民法院关于适用〈中华人民共和国民事诉讼法〉的解释》第24条的规定,侵权行为地包括侵权行为实施地、侵权结果发生地。商标合同纠纷诉讼的管辖法院是被告住所地或者合同履行地法院。合同约定履行地与实际履行地不一致时,以实际履行地为主。诉前责令停止侵犯注册商标专用权行为或者保全证据的申请,应当向侵权行为地或者被申请人住所地对商标案件有管辖权的人民法院提出。诉前财产保全案件由财产所在地法院管辖。

3.收集证据

《民事诉讼法》第65条规定,当事人对自己提出的主张应当及时提供证据。企业应当根据不同案件的特点收集如下证据:第一,商标权属证据。主要证明当事人是商标权的合法权利人或利害关系人,具备参加诉讼的资格。商标权属证据包括商标注册证、商标许可合同、继承商标权的证明文件等。第二,商标侵权证据。主要证明被告已经实施或正在实施注册商标侵权行为。商标侵权证据包括侵权人身份证明文件、侵权商品宣传材料、侵权商品样品或照片、侵权商品销售合同和发票、商标局行政处罚材料等。第三,有关损害赔偿的证据。即证明"侵权人在侵权期间因侵权获得的收益"或者"被侵权人在被侵权期间因侵权行为受到的损失"的相关证据。前者主要包括侵权人的账簿、资料、财务审计报告、销售额的证据和单位产品利润的证据等。后者主要包括被侵权人因侵权造成商品或服务销售减少的证据、单位产品的利润和制止侵权行为的合理费用。第四,有关商标知名度或受保护的证据。主要证明被侵权商标是否具备被认定为驰名商标的条件,以便享受驰名商标保护。第五,有关商标合同纠纷的证据。主要包括商标权转让合同、商标使用许可合同和商标代理合同等原件,以及合同履行证据等。

企业自己收集证据受到时间、地点和条件等因素的限制,很难获得全面的证据,因此可以借助第三方力量收集证据。当前,很多商标侵权案件发生在网络上,企业即便可以截图或采用其他方式取证,但是往往遭到对方当事人否认。采用知识产权证据公证方式收集证据成为重要途径。《民事诉讼法》第69条规定,经过法定程序公证证明的法律事实和文书,人民法院应当作为认定事实的根据,但有相反证据足以推翻公证证明的除外。该条赋予公证证明相较其他证据更高的证明效力。在商标侵权民事纠纷中,公证机构协助当事人收集证据的方式主要包括侵权物品的购买公证和侵权网站的公证。侵权物品的购买公证,即当事人申请公证机构现场公证购买侵权物品的整个过程(包括购物发票、侵权方信息、侵权物品信息、现场情况等),并出具公证书的行为。侵权网站的公证,即当事人申请公证机构对商标侵权网站进行公证,公证员按照操作流程浏览商标侵权人的网站,并对浏览步骤进行记录,打印浏览页面,并出具公证书的行为。

4.诉前保护措施

我国《商标法》第65条规定,商标注册人或者利害关系人有证据证明他人正在实施或者即将实施侵犯其注册商标专用权的行为,如不及时制止将会使其合法权益受到难以弥补的损害的,可以依法在起诉前向人民法院申请采取责令停止有关行为和财产保全的措施。即商标注册人或者利害关系人在诉前可以采取两种诉前保护措施,一个是诉前禁令,另一个是财产保全。申请诉前禁令应当提交书面申请书和相关证据,同时提交相应的担保。诉前财产保全应当向被保全财产所在地、被申请人住所地或者对案件有管辖权的人民法院申请。财产保全采取查封、扣押、冻结或者法律规定的其他方法。人民法院保全财产后,应当立即通知被保全财产的人。申请人在人民法院采取保全措施后 30 日内不依法提起诉讼或者申请仲裁的,人民法院应当解除保全。

(三)商标民事诉讼案例

东阿阿胶公司是国内最大的阿胶及系列产品生产企业,系第 1708470 号"东阿阿胶"、第 9503182 号熬胶图商标权人,其生产的阿胶产品曾获得诸多荣誉,2018 年销售额达 75 亿元。2010 年 9 月,东阿阿胶公司将阿胶产品的外包装盒采用了红黑铁盒的创新设计:盒体外观整体呈黑色,在盒盖上方距盒盖右侧边缘少许距离处有延伸至盒盖两侧的矩形竖条,矩形竖条有竖向排列的字体,表明产品的字体采用浮雕式印刷,与相应背景的对比较为明显;盒盖上有网状规则底纹;盒盖上的矩形竖条和印章图案基色为红色,与黑色盒体形成强烈的对比。该包装装潢色彩对比强烈,富有美感,在阿胶产品的大量销售中被相关消费者所熟知。该包装装潢已与东阿阿胶公司生产的阿胶产品建立了联系,具有很强的显著性和极高的商业价值。东阿阿胶公司发现,温州市长成药房(简称"长成药房")在"百晓药房"长成店销售的"壹胶堂"阿胶糕上使用了与东阿阿胶公司的注册商标近似的标识,包装装潢也与东阿阿胶公司的阿胶产品的包装装潢极其相似,易使相关消费者误认为是东阿阿胶公司生产的阿胶产品。经查看,"壹胶堂"阿胶糕包装上注明的生产企业为山东东阿仁康阿胶制品有限公司(简称"东阿仁康公司"),出品商为济南壹胶堂生物科技开发有限公司(简称"壹胶堂公司")。

东阿阿胶公司向法院起诉东阿仁康公司、壹胶堂公司、长成药房侵害商标权及不正当竞争,请求法院判令:第一,东阿仁康公司、壹胶堂公司立即停止侵犯东阿阿胶公司"熬胶图"商标权的行为。第二,东阿仁康公司、壹胶堂公司立即停止不正当竞争行为,即停止生产、销售与东阿阿胶公司"东阿阿胶"牌阿胶包装装潢相近似的阿胶糕产品,并销毁侵权库存包装。第三,长成药房立即停止不正当竞争行为,即停止销售与东阿阿胶公司"东阿阿胶"牌阿胶包装装潢相近似的阿胶糕产品。第四,东阿仁康公司、壹胶堂公司赔偿东阿阿胶公司经济损失及为制止侵权的合理费用 100 万元,长成药房对其中的 5 万元承担连带赔偿责任。

为证明被告商标侵权和不正当竞争的事实,东阿阿胶公司向法院提交十二组证据：

第一组证据是"包装盒（阿胶）"外观设计专利证书。

第二组证据是〔2016〕东阿证经字第 284 号、第 286 号公证书，拟证明"东阿阿胶"商标为驰名商标，市场知名度较高，为相关公众熟知。

第三组证据是 2013 年 1 月颁发的"山东名牌"荣誉证书，2015 年 12 月 23 日颁发的"山东名牌"荣誉证书，"2014 年度中国中成药行业会员企业出口五强"证书，2013 年 12 月 12 日颁发的"中国质量奖提名奖"证书，2016 年 2 月 14 日颁发的"中国质量奖提名奖"证书，2015 年颁发的"第十五届全国质量奖"荣誉证书，1980 年、1985 年、1990 年连续三次获得"国家质量金奖"的奖牌，商务部颁发的认定"东阿牌"为"中华老字号"的证书，中华老字号工作委员会颁发的"中华老字号"会员单位证书，山东省人民政府颁发的"山东省科学技术奖"证书，山东省名牌战略推进委员会和山东省质量监督局认定东阿阿胶公司生产的阿胶产品为山东省名牌产品的证书，2016 年 6 月世界品牌实验室颁发的"中国 500 最具价值品牌"证书，2011 年 10 月山东省旅游局颁发的"东阿阿胶包装"获创新设计大赛银奖证书，1991 年东阿阿胶公司获得"长城国家金奖"的奖牌，中国质量协会颁发的"2018 通过全国质量奖获奖三年后确认"荣誉证书[①]，中华中医药协会颁发的"2018 年中药大品种科技竞争力排行榜补益类领域第一名"证书，中华中医药协会颁发的"2018 年中药大品种科技竞争力排行榜非注射类第九名"证书，拟证明东阿阿胶公司具有良好商誉，得到社会的广泛认可。

第四组证据是东阿阿胶公司自 2010 年以来与北京合润德堂传媒广告有限公司等多家公司签订的广告合同、广告视频、广告费用，拟证明经过多年大范围的广告宣传，东阿阿胶公司产品已为公众所熟知，并成为具备强大市场竞争力的知名商品。

第五组证据是东阿阿胶公司自 2014 年以来与江苏华晓医药物流有限公司等医药公司签订的销售合同及收货回执，东阿县国家税务局、东阿县地税局

---

① 全国质量奖评审活动领导小组为了解全国质量奖获奖组织的经营管理状况，确保组织在获奖后继续实践《卓越绩效评价准则》，根据《全国质量奖评审管理办法》相关规定，组织专家对获奖组织在经营管理、综合绩效等方面的持续改进及发展趋势情况进行的整体评估确认活动。2018 年，全国质量奖评审活动领导小组办公室继续组织评审专家对 2015 年及之前获得全国质量奖的组织进行了获奖三年后的现场确认。经确认评审，东阿阿胶股份有限公司、中国核动力研究设计院等 4 家组织顺利通过获奖后的确认。

出具的说明,山东省信息经济和信息化委员会证明,山东阿胶行业协会出具的证明,拟证明东阿阿胶公司产品在全国各地广泛销售,具有较高市场知名度,为相关公众熟知。

第六组证据是〔2017〕浙0110民初11248号民事判决书、南工商行处字〔2016〕13001号行政处罚书、〔2014〕朝民初字第24695号民事判决书、〔2014〕海民(知)初字第20259号民事判决书、安市工商开处〔2014〕第49号行政处罚书、亳工商处字〔2017〕50号行政处罚决定书、〔2013〕温龙开刑初字第105号刑事判决书、〔2016〕浙0482刑初290号刑事判决书,拟证明涉案铁盒包装已经被司法、行政认定为知名商品特有的包装装潢,以及生产、销售仿冒东阿阿胶公司产品被追究刑事责任的维权记录。

第七组证据是东阿阿胶公司产品外包装盒图片,"阿胶"包装设计图版权登记证书及作品图案证明,东阿阿胶公司涉案外包装盒在泰安、烟台的户外广告照片,拟证明东阿阿胶公司产品外包装盒为该公司自主设计并自2010年投入使用且宣传至今,属东阿阿胶公司知名商品特有的包装装潢。

第八组证据是〔2018〕宁钟证经内字第9897号公证书及封存的实物,拟证明被诉侵权产品的包装装潢与东阿阿胶公司的知名商品"东阿阿胶"牌阿胶产品的包装装潢构成近似。

第九组证据是委托代理合同,拟证明东阿阿胶公司为制止侵权所支付的合理费用。

第十组证据是第9503182号商标注册证,拟证明东阿阿胶公司享有"熬胶图"商标权。

第十一组证据是著作权登记证书,拟证明"古代熬胶图"为东阿阿胶公司独创。

第十二组证据是承诺书,拟证明东阿仁康公司生产、销售过类似产品被东阿阿胶公司提起过诉讼,东阿仁康公司重复侵权主观恶意明显,侵权情节严重。

法院经过审理,认定被告山东东阿仁康阿胶制品有限公司、济南壹胶堂生物科技开发有限公司侵犯了东阿阿胶公司"熬胶图"的注册商标专用权,认定被告山东东阿仁康阿胶制品有限公司、济南壹胶堂生物科技开发有限公司、温州市长成药房构成对原告东阿阿胶股份有限公司的不正当竞争行为,支持了东阿阿胶公司的大部分诉讼请求。[1]

---

[1] 参见浙江省温州市中级人民法院〔2019〕浙03民初125号民事判决书。

本案被告包括产品出品商济南壹胶堂生物科技开发有限公司、生产企业山东东阿仁康阿胶制品有限公司和零售店温州市长成药房,构成一个完整的被告链条。本案有几个被告,从法律上说可以任意选择其中一个被告住所地,但是诉讼管辖地选择在温州,而不是山东济南。这应该是有所考虑的。至少在外地打官司,对于东阿阿胶来说具有宣传的作用。东阿阿胶公司为证明事实提供了十二组证据,尽管东阿阿胶公司委托了维权律师处理诉讼事宜,但是绝大部分证据应当是东阿阿胶公司自己准备的。这说明企业平时应当重视商标档案的维护。本案对于企业如何通过民事诉讼维护注册商标专用权具有重要的参考意义。

## 二、企业商标行政诉讼

### (一)商标行政案件类型

企业认为国家知识产权局在商标注册、商标评审过程中作出的行政行为或商标执法机关在执法过程中作出的行政行为侵犯其合法权益的,可以向有管辖权的法院提起行政诉讼。根据我国行政诉讼法律法规或司法解释的相关规定,商标行政诉讼案件大致可以分为以下几类。

1. 商标申请驳回复审行政纠纷案件

商标申请驳回复审行政纠纷,是指商标注册申请人不服国家知识产权局商标局驳回其商标注册申请的决定,再向国家知识产权局申请复审,国家知识产权局作出复审决定驳回其商标注册申请(含部分驳回),商标注册申请人不服该决定提起的行政诉讼。

2. 商标不予注册复审行政纠纷案件

商标不予注册复审行政纠纷,是指商标注册申请人不服国家知识产权局商标局对其初步审定公告的商标作出的不予核准注册决定,再向国家知识产权局申请复审,国家知识产权局作出复审决定对该商标作出不予核准注册(包括部分不予核准注册),商标注册申请人不服该决定提起的行政诉讼。

3. 商标权宣告无效复审行政纠纷案件

商标权宣告无效复审行政纠纷,是指商标注册人不服国家知识产权局商标局作出的宣告其注册商标专用权无效的决定,再向国家知识产权局申请复审,国家知识产权局作出宣告其注册商标专用权无效(包括部分无效)的决定,商标注册人不服该决定提起的行政诉讼。

4. 商标权宣告无效请求行政纠纷案件

商标权宣告无效请求行政纠纷,是指当事人不服国家知识产权局商标局作出的维持争议商标专用权有效或者宣告争议商标专用权无效(包括部分无效)的裁定提起的行政诉讼。

5.商标权撤销复审行政纠纷案件

商标权撤销复审行政纠纷,是指当事人不服国家知识产权局商标局作出的撤销或者不予撤销注册商标专用权的决定,再向国家知识产权局申请复审,国家知识产权局作出撤销复审决定,当事人不服该决定提起的行政诉讼。

6.其他商标行政纠纷案件

其他国家知识产权局具体行政行为引起的商标行政纠纷,企业可以提起行政诉讼。企业对各级市场监管部门作出的涉及注册商标的处罚或不处罚决定不服提起的商标行政诉讼,也可以属于其他商标行政纠纷案件。

(二)企业诉前准备工作

绝大多数企业都会委托律师负责行政诉讼案件,但是企业法务部门可以为行政诉讼做一些准备工作。

1.确定被告

商标行政诉讼的被告相对比较固定,即一方是国家知识产权局、各级市场监管部门。在商标确权行政诉讼中,现在被告都是国家知识产权局。在对各级市场监管部门作出的涉及商标的处罚或不处罚决定不服提起的商标行政诉讼中,被告是各级市场监管部门。

2.确定诉讼第三人

在商标行政诉讼中,经常会出现第三人。例如,在不服国家知识产权局不予注册复审决定的行政诉讼中,原告是被异议人,第三人是原异议人;在不服国家知识产权局宣告无效复审裁定的行政诉讼中,如果宣告注册商标无效,原告是被申请人,第三人是申请人。

3.确定管辖地

(1)级别管辖

根据《最高人民法院关于商标法修改决定施行后商标案件管辖和法律适用问题的解释》第2条的规定,企业不服国家知识产权局作出的有关商标的决定或复审决定而提起的行政诉讼,一审案件由北京知识产权法院管辖;二审由北京市高级人民法院管辖。不服市场监管部门作出的有关商标的其他具体行政行为案件,第一审案件由中级以上人民法院管辖,或者经最高人民法院批准的基层人民法院管辖。

(2)地域管辖

商标行政诉讼案件由被告住所地法院管辖。针对国家知识产权局的行政诉讼,管辖地都在北京。不服市场监管部门作出的有关商标的其他具体行政行为的案件,一般由作出具体行政行为的市场监管部门所在地中级以上人民法院及最高人民法院指定的基层人民法院管辖。涉及驰名商标的行政案件,由省、自治区人民政府所在地市、计划单列市、直辖市辖区中级人民法院及最高人民法院指定的其他中级人民法院管辖。

### 4.收集证据

在商标行政诉讼中,大多数情况下由被告承担举证责任。我国《行政诉讼法》第34条规定,被告对作出的行政行为负有举证责任,应当提供作出该行政行为的证据和所依据的规范性文件。被告不提供或者无正当理由逾期提供证据,视为没有相应证据。但是,被诉行政行为涉及第三人合法权益,第三人提供证据的除外。《行政诉讼法》第35条规定,在诉讼过程中,被告及其诉讼代理人不得自行向原告、第三人和证人收集证据。尽管商标行政诉讼被告的举证责任较重,但是商标行政诉讼原告并非没有任何举证责任。《行政诉讼法》第38条规定,在起诉被告不履行法定职责的案件中,原告应当提供其向被告提出申请的证据。但有下列情形之一的除外:(1)被告应当依职权主动履行法定职责的;(2)原告因正当理由不能提供证据的。

### (三)商标行政诉讼案例

2002年8月20日,美国强生公司向商标评审委员会(简称"商评委")提出撤销佛山圣芳(联合)有限公司(简称"圣芳公司")已注册的第1214187号"采乐CAILE"商标(简称"争议商标")的申请,2005年6月23日,商标委作出商评字〔2005〕第1801号《关于第1214187号"采乐CAILE"商标争议裁定书》(简称"第1801号裁定"),裁定撤销第1214187号注册商标。① 圣芳公司不服该裁定,向北京市第一中级人民法院提起行政诉讼。

圣芳公司诉称:(1)商评委在已两次终局裁定维持争议商标注册的情况

---

① 2001年《商标法》第41条:"已经注册的商标,违反本法第十条、第十一条、第十二条规定的,或者是以欺骗手段或者其他不正当手段取得注册的,由商标局撤销该注册商标;其他单位或者个人可以请求商标评审委员会裁定撤销该注册商标。""已经注册的商标,违反本法第十三条、第十五条、第十六条、第三十一条规定的,自商标注册之日起五年内,商标所有人或者利害关系人可以请求商标评审委员会裁定撤销该注册商标。对恶意注册的,驰名商标所有人不受五年的时间限制。""除前两款规定的情形外,对已经注册的商标有争议的,可以自该商标经核准注册之日起五年内,向商标评审委员会申请裁定。""商标评审委员会收到裁定申请后,应当通知有关当事人,并限期提出答辩。"依据该条是撤销,依据现行《商标法》是宣告无效。

下,第三次受理强生公司以相同的事实和理由提出的撤销争议商标申请,作出与前两次终局裁定相反的裁定,严重违反法定程序;强生公司本次评审时提交的证据并非法律意义上的新证据。强生公司申请认定其商标至本次申请时驰名,商评委认定引证商标在1997年以前驰名,违反了请求原则。商评委还存在对证据采取双重标准、主管领导单方会见强生公司副总裁讨论本案商标问题等程序不公正问题。圣芳公司在评审阶段请求公开评审、公开质证,对有关证据进行司法鉴定,商评委未予支持或答复,导致圣芳公司未能充分陈述意见。(2)强生公司的引证商标不构成驰名商标。强生公司以及西安杨森公司以未注册的简体采乐图文组合商标冒充注册商标非法使用,不应认定驰名商标;强生公司提交的证明引证商标驰名的证据不真实,也不足以证明引证商标驰名。(3)争议商标注册未违反《商标法》第13条第2款的规定。争议商标与引证商标不相同,核定使用的商品类别不同、商品不类似,且争议商标经过长期宣传使用已被认定为驰名商标,应当予以保护;早在1987年就有国内企业在其他商品上注册了"采乐"商标,商评委认定争议商标是复制摹仿强生公司的"采樂"商标没有事实依据。

一审法院查明:强生公司于1993年1月30日经商标局核准注册了第627498号手写繁体"采樂"文字商标(简称"引证商标"),核定使用商品为第5类"人用局部抗菌剂";1994年,强生公司许可案外人西安杨森制药有限公司(简称"西安杨森公司")在其生产的治疗头皮脂溢性皮炎和头皮康疹的"酮康唑洗剂"药品上使用该商标。争议商标"采乐CAILE"由南海市梦美思化妆品有限公司于1997年8月6日向商标局提出注册申请,1998年10月14日被核准注册,核定使用于第3类香皂、清洁制剂、洗发香波、护发素、洗面奶、浴液、牙膏、化妆品等商品。2002年6月20日,争议商标经商标局核准转让给圣芳公司。

1998年11月13日,强生公司向商评委提出请求撤销争议商标的申请,主要理由为:强生公司对"采樂"文字享有专用权,争议商标与引证商标构成近似,且两商标指定商品类似;引证商标具有较高知名度,争议商标与引证商标共存极易产生混淆。因此,争议商标注册违反了修改前《商标法》第17条、第27条、修改前《商标法实施细则》第24条、第25条第(2)项及《巴黎公约》第6条之2关于保护驰名商标的规定。1999年12月2日商评委作出终局裁定,认定引证商标所具有的知名度和所具有的独创性局限,使其尚不能在非类似商品上排斥争议商标的使用和注册,强生公司所提争议理由不能成立,裁定维持争议商标注册。

2000 年 7 月 3 日,强生公司再次向商评委申请撤销争议商标,主要理由为:强生公司对"采乐"文字享有专用权,争议商标与引证商标构成近似,且两商标指定商品类似;争议商标申请注册前,引证商标已为消费者熟知,争议商标是对驰名商标的恶意抄袭和仿冒。因此,争议商标注册违反了修改前《商标法》第 17 条、第 27 条、修改前《商标法实施细则》第 25 条第(2)项以及《巴黎公约》第 6 条之 2 的规定。2001 年 9 月 12 日,商评委第二次作出终局裁定,认定强生公司未提供足够证据证明引证商标已为普通化妆品的消费者熟知,亦缺乏足够证据证明争议商标的注册使用已使消费者产生误认;同时,"采乐"并非强生公司独创的文字组合,缺乏足够证据证明争议商标系对强生公司商标的恶意抄袭摹仿。据此,裁定维持争议商标注册。

2002 年 8 月 20 日,强生公司第三次向商评委提出撤销争议商标的申请,主要理由为:争议商标与引证商标构成近似,且指定商品类似;争议商标的注册和使用易使消费者产生误认;争议商标是对引证商标这一驰名商标的恶意抄袭摹仿。因此,争议商标注册违反了现行《商标法》第 13 条、第 28 条、第 31 条、第 41 条以及《巴黎公约》第 6 条之 2 和《Trips 协议》第 16 条的规定。强生公司在本次评审程序中提交的证明引证商标使用情况的证据,包括以下 12 项:

第一,"采乐"洗剂产品外包装及说明书等资料复印件;

第二,1994—1999 年销售"采乐"洗剂的增值税发票复印件;

第三,1994—1999 年"采乐洗剂"部分销货合同单复印件;

第四,"采乐"产品在全国的分销医院列表;

第五,1994 年 11 月 12 日《西安杨森通讯》第 4 期复印件;

第六,"采乐"产品部分报纸广告复印件;

第七,西安康胜有限责任会计师事务所(简称"西安康胜会计师事务所")出具的"采乐"洗剂 1994 年至 1996 年度的销售量及广告费的审计报告(西康胜会审字〔2004〕1-062 号和 1-063 号审计报告);

第八,陕西省医药总公司出具的西安杨森公司"采乐"洗剂 1994 年至 1996 年年销量证明;

第九,西安康胜会计师事务所出具的"采乐"洗剂 1997 年至 2002 年销售量及广告费的审计报告(西康胜会审字〔2003〕128 号和 128-1 号审计报告);

第十,AC 尼尔森公司出具的广告监测数据总结;

第十一,西安杨森公司出具的《关于 AC Nielsen 广告监测数据与会计师事务所广告费用审计数据差异的说明》;

第十二，部分电视台的广告播出证明及收费通知单复印件，载明的品牌名称或广告内容为"采乐洗发水"或"采乐洗发剂"字样。

上述证据均为西安杨森公司使用引证商标的证据，证据显示其使用的均为简体采乐商标；上述证据中，证据7至证据12是强生公司在前两次争议请求中未提交的证据。商评委第1801号裁定以证据2至证据3、证据5至证据12为依据认定引证商标为驰名商标，并认为争议商标的注册构成《商标法》第13条第2款规定的在不相同或不相类似的商品上复制摹仿他人的驰名商标，误导公众，致使该驰名商标注册人的利益可能受到损害的情形，据此，裁定撤销争议商标的注册。

一审法院认为，强生公司在本次申请中提供了前两次争议申请中未提交的证据，故与前两次争议申请中主张的事实不完全相同，不属于以相同的事实和理由再次提出评审申请，商评委受理本次争议申请没有违反法定程序；虽然强生公司并无使用和宣传引证商标的证据，但其实际使用的"采乐"商标与引证商标仅存在"乐"与"樂"的繁简体差异，作为纯文字商标，其主要识别特征一般不会因此产生本质区别，强生公司使用并宣传"采乐"商标的行为，可以认定为是对引证商标的使用与宣传；圣芳公司在评审程序中对强生公司相关证据的真实性并未提出异议，在诉讼程序中虽然提出了异议，但没有提供反证，也没有提出合理质疑，因此其对这些证据真实性提出的异议不能成立。商评委裁定撤销该商标注册有事实和法律依据，应予维持。一审法院于2007年5月11日作出判决，维持商评委第1801号裁定。

圣芳公司不服一审判决，向北京市高级人民法院提起上诉称，在已有两次终局裁定的情况下，商评委第三次受理以相同事实和理由提出的评审申请并作出与以前相反的裁定，违反了一事不再理原则；一审法院将强生公司注册的手写体"采樂"商标与实际使用的商标认定为同一商标，认定事实错误；商评委和一审法院适用法律错误，本案应该适用修改前商标法的规定，新法不应溯及既往。

二审法院认为，强生公司注册的"采樂"商标与实际使用的"采乐"商标仅存在简繁体区别，但二者实际是同一商标，使用简体"采乐"商标并未改变引证商标的显著性；强生公司第三次申请依据新《商标法》第13条第2款的规定，并且提交了新的证据增加了新的事实、理由和请求，商评委没有违反一事不再理原则。2007年12月18日，二审法院作出判决，驳回上诉，维持一审判决。

圣芳公司不服生效判决，向最高人民法院申请再审。申请再审理由为：(1)商评委对争议商标经过两次终局裁定维持注册，该商标已成为不可争议商标,商评委本次受理和裁定违反一事不再理原则。原审判决认定强生公司本次申请中主张的事实与前两次不完全相同是错误的。新证据与新事实显然是两个不同的概念,强生公司本次评审新提交的证据,其证明事项均发生在1997年8月之前,不属于法律上的新证据;这些证据是强生公司在提出本次评审申请后过了两年才提交的,商评委受理本次评审申请时没有新的事实和理由。(2)在本次评审申请提出两年以后,商评委接受强生公司改变评审请求的补充申请及新提交的证据,并以此作为主要依据作出裁定,违反评审规则,显失公正。强生公司在其申请中请求认定引证商标到2002年已成为驰名商标,在2004年10月18日之前,强生公司提交的证明引证商标驰名的证据也主要是1998年至2002年的使用证据。强生公司在2004年10月18日才提交了西安杨森公司1997年以前的产品销售量、广告费审计报告,2004年11月10日,强生公司补充提交了AC尼尔森公司出具的西安杨森公司1997年前的广告监测数据等证据,并将评审请求改变为要求认定引证商标在争议商标申请注册之前已经驰名。(3)商评委的裁定及原审判决认定事实和适用法律错误。修改后的商标法不具有溯及力,不应适用于已经有终局裁定的案件。强生公司提交的证据都不是使用引证商标的证据,违法使用的商标不能认定为驰名商标;强生公司自行委托中介机构出具的审计报告和广告监测报告的数据存在明显矛盾或不合情理之处,不具有真实性,存在重大瑕疵并有伪造数据的重大嫌疑,不应该采信。在圣芳公司已提交证据证明强生公司有伪造证据的行为的情况下,商评委仍然拒绝对本案进行公开质证和公开评审,对强生公司提交的审计报告、广告监测报告等证据不经质证直接认定,评审不公正。强生公司的引证商标不应该认定为驰名商标。商评委在裁定中称圣芳公司未对强生公司提交证据的真实性提出异议,与事实不符。(4)圣芳公司因为信赖行政机关的终局裁定,对争议商标进行了持续大规模的宣传使用,2005年6月争议商标已被司法认定为驰名商标,应受到保护。圣芳公司的洗发水产品与西安杨森公司的酮康唑洗剂药品销售渠道、消费群体完全不同,洗发水包装与药品包装外观上极易区分,不会发生混淆误认的问题。强生公司在药品上的商标利益并没有受到损害。请求撤销原审判决及商评委第1801号裁定。

商评委答辩称,强生公司前两次申请都是依据修改前的《商标法》第27条及其实施细则第25条的规定,第三次申请依据的是修改后《商标法》第13条、第14条及第41条的规定,并非以相同的理由;第三次申请的证据种类、证明力与前两次有明显区别,因此第三次受理符合法律规定。2004年强生公司提交的审计报告不是新的证据,而是对销量和广告投入的补强证据。第1801号裁定不存在适用法律错误的问题。

强生公司同意商评委的答辩意见，并认为，修改前的《商标法实施细则》第25条第（2）项没有驰名商标跨类保护的规定；修改后《商标法》第13条第2款增加了对驰名商标跨类保护的规定，而且强调只要是误导公众就可以给予跨类保护，并不以实际发生混淆为条件，降低了驰名商标跨类保护的门槛和要求，因此，第三次申请与第二次的法律依据是有区别的。强生公司在本次申请中提交的证据与前两次也不同。圣芳公司没有证据证明强生公司的有关证据为伪证。几个审计报告之间的精确度差别是因为审计深度不同，不能因此否认其科学性。

最高人民法院再审认为，强生公司在前两次提出评审申请时，均援引了修改前《商标法》第17条、第27条、《商标法实施细则》第25条第（2）项以及《巴黎公约》的有关规定，特别是有关公众熟知的商标或驰名商标的规定，以其商标具有较高知名度、争议商标是对驰名商标的恶意抄袭和仿冒，争议商标与引证商标构成近似、两商标指定商品类似，容易引起混淆等为主要理由，请求撤销争议商标。强生公司在前两次评审申请中，已经穷尽了当时可以主张的相关法律事由和法律依据；商评委在前两次评审中已经就强生公司提出的全部事实和理由进行了实质审理，并两次作出维持争议商标注册的裁定。按照当时商标法的规定，商评委的裁定是终局裁定，一经作出即发生法律效力，对商评委自身及商标争议当事人均有拘束力，并形成相应的商标法律秩序。在已有两次终局裁定之后，强生公司援引2001年修改后的商标法，仍以商标驰名为主要理由，申请撤销争议商标的注册，商评委再行受理并作出撤销争议商标的裁定，违反了一事不再理原则。

2001年修改后的商标法，不能溯及该法修改前已受终局裁定拘束的商标争议。《最高人民法院关于审理商标案件有关管辖和法律适用范围问题的解释》（法释〔2002〕1号）应该在这个前提下加以理解和适用。该司法解释第5条的规定，是对修改前与修改后商标法衔接时期的商标评审行政案件的法律适用问题所作的特殊规定，其中规定部分修改前商标法适用时期的事项按照修改后商标法相关规定审查，适用的前提是在修改前商标法适用时期未解决的争议，商评委在修改后的商标法施行以后作出复审决定或者裁定，当事人不服向人民法院起诉的情形。本案涉及的商标争议在修改后的商标法施行前已经有过终局裁定，不属于前述司法解释第5条规定的情形，不应该适用该司法解释的规定。由于修改前的商标法对商标评审采取行政终局制度，对于当时已经行政终局裁决的争议事项，只能尊重和维护当时的法律制度，不能再以修改后的法律有新规定为理由对已决事项重新启动程序。在行政终局制度下，终局裁定形成了秩序并产生信赖利益。圣芳公司在终局裁定后对商标进行的大规模使用和宣传以及因此建立的商业信誉，应该受到法律保护。强生公司要求根据修改后的商标法溯及既往的主张，没有法律依据，不应予以支持。商评委及原审法院以强生公司引用了修改后的商标法为由，认定其提出本次评审申请有新的理由，并以《商标法》第13条第2款的规定为依据认定争议商标应该撤销，适用法律错误。

即使按照修改后的商标法及商标法实施条例的规定审查，商评委对本次评审申请的受理和裁决行为也没有合法依据。2002年修订的《商标法实施条例》第35条规定，"商标评审委员会对商标评审申请已经作出裁定或者决定的，任何人不得以相同的事实和理由再次提出评审申请"，对已决的商标争议案件，商评委如果要受理新的评审申请，必须以有新的事实或理由为前提。新的事实应该是以新证据证明的事实，而新证据应该是在裁定或者决定之后新发现的证据，或者确实是在原行政程序中因客观原因无法取得或在规定的期限内不能提供的证据。如果将本可以在以前的行政程序中提交的证据作为新证据接受，就会使法律对重启行政程序事由的限制形同虚设，不利于形成稳定的法律秩序。强生公司在本次评审申请中提交的证明争议商标申请日之前其引证商标驰名的证据，均不属于法律意义上的新证据。行政裁定或者决定作出之后法律发生了修改，也不能作为新的理由。对比强生公司的三次申请书所列的事实和理由，本案涉及的第三次评审申请所主张的驰名商标、混淆误认并非新的事实，在前两次申请中均已提出，所提出的理由及法律依据与前两次实质上是相同的。由于强生公司提出本次评审申请并无新的事实和理由，商评委再行受理强生公司本次提出的评审申请于法无据。

就强生公司本次评审提交的证据而言，还不足以认定其引证商标在1997年8月争议商标申请日之前已经驰名，也不足以推翻前两次终局裁定认定的事实。商评委第1801号裁定认定强生公司引证商标驰名的关键证据是西安杨森公司采乐酮康唑洗剂1994年至1997年的销售量及广告费的审计报告和广告监测数据，但是这些证据均存在问题和疑点，商评委予以采信并作为主要依据认定引证商标驰名，证据采信与认定事实亦属不当。在商评委已有两次终局裁定维持争议商标注册的情况下，商评委再裁定撤销争议商标没有充分的理由。

综上所述，最高人民法院认为，商评委第1801号裁定及原审判决认定事实和适用法律均存在错误，应予撤销。依照《行政诉讼法》第54条第(2)项、第

61 条第（3）项、第 63 条第 2 款、《最高人民法院关于执行〈行政诉讼法〉若干问题的解释》第 76 条第 1 款、第 78 条之规定，于 2009 年 10 月 22 日作出判决，撤销了一、二审判决及商评委的〔2005〕第 1801 号裁定。①

本案中，圣芳公司通过行政诉讼维护第 1214187 号"采乐 CAILE"注册商标专用权的经验值得所有企业借鉴。首先，圣芳公司作为一个中小企业，面对世界 500 强之一的美国强生公司，依然能够不折不挠地维护自己的注册商标专用权。其次，圣芳公司委托诉讼代理人能够抓住强生公司的证据漏洞和商评委的程序问题，从而说服最高人民法院采信申诉请求。

### 三、企业商标刑事诉讼

企业如果发现他人严重侵犯注册商标专用权，已经涉嫌刑事犯罪，可以向公安机关经济侦查部门举报，对侵犯注册商标专用权予以严惩。

（一）商标刑事案件类型

商标犯罪是指商标违法行为达到一定的严重程度，按照刑事法律规定应受刑罚处罚的行为。我国《刑法》第 213 条、第 214 条和第 215 条分别规定了假冒注册商标罪、销售明知是假冒注册商标商品罪和非法制造、销售非法制造的注册商标标识罪。

1.假冒注册商标罪

假冒注册商标罪，是指违反商标管理法规，未经注册商标所有人许可，在同一种商品上使用与其注册商标相同的商标，情节严重的行为。最高人民法院、最高人民检察院和公安部联合发布的《关于办理侵犯知识产权刑事案件适用法律若干问题的意见》规定，《刑法》第 213 条规定的"同一种商品"是指名称相同的商品以及名称不同但指同一事物的商品。"名称"是指国家工商行政管理总局（现国家知识产权局）商标局在商标注册工作中对商品使用的名称，通常即《商标注册用商品和服务国际分类》中规定的商品名称。"名称不同但指同一事物的商品"是指在功能、用途、主要原料、消费对象、销售渠道等方面相同或者基本相同，相关公众一般认为是同一种事物的商品。认定"同一种商品"，应当在权利人注册商标核定使用的商品和行为人实际生产销售的商品之间进行比较。根据《关于办理侵犯知识产权刑事案件适用法律若干问题的意见》的规定，具有下列情形之一，可以认定为"与其注册商标相同的商标"：第

---

① 参见北京市第一中级人民法院〔2005〕一中行初字第 793 号、北京市高级人民法院〔2007〕高行终字第 404 号和最高人民法院〔2008〕行提字第 2 号。

一,改变注册商标的字体、字母大小写或者文字横竖排列,与注册商标之间仅有细微差别的。第二,改变注册商标的文字、字母、数字等之间的间距,不影响体现注册商标显著特征的。第三,改变注册商标颜色的。第四,其他与注册商标在视觉上基本无差别、足以对公众产生误导的商标。

假冒注册商标罪的构成要件如下:第一,假冒注册商标罪的犯罪主体为一般主体和单位,即任何企业事业单位或者个人假冒他人注册商标,情节达到犯罪标准的即构成本罪。第二,假冒注册商标罪侵犯的客体为他人合法的注册商标专用权,以及国家商标管理秩序。第三,假冒注册商标罪的主观方面为故意,且以营利为目的。过失不构成本罪。第四,假冒注册商标罪的客观方面为行为人实施了刑法所禁止的假冒商标行为,且情节严重。

假冒注册商标罪的量刑标准是:第一,情节严重的,处三年以下有期徒刑或者拘役,并处或者单处罚金。情节严重有三种情形:(1)非法经营数额在5万元以上或者违法所得数额在3万元以上的;(2)假冒两种以上注册商标,非法经营数额在3万元以上或者违法所得数额在2万元以上的;(3)其他情节严重的情形。第二,情节特别严重的,处3年以上7年以下有期徒刑,并处罚金。"情节特别严重"也有三种情形:(1)非法经营数额在25万元以上或者违法所得数额在15万元以上的;(2)假冒两种以上注册商标,非法经营数额在15万元以上或者违法所得数额在10万元以上的;(3)其他情节特别严重的情形。

2.销售明知是假冒注册商标商品罪

销售明知是假冒注册商标商品罪,是指违反商标管理法规,销售明知是假冒注册商标的商品,销售金额数额较大的行为。销售明知是假冒注册商标的商品罪的构成要件是:(1)犯罪主体是从事批发、供销、零售等经营活动个人或者单位;(2)犯罪客体是他人注册商标权;(3)犯罪的主观方面是故意的;(4)犯罪的客观方面必须具有销售明知是假冒注册商标的商品的行为。

销售明知是假冒注册商标的商品罪的量刑标准是:(1)销售金额在5万元以上的,属于《刑法》第214条规定的"数额较大",应当以销售假冒注册商标的商品罪判处3年以下有期徒刑或者拘役,并处或者单处罚金;(2)销售金额在25万元以上的,属于《刑法》第214条规定的"数额巨大",应当以销售假冒注册商标的商品罪判处3年以上7年以下有期徒刑,并处罚金。

销售明知是假冒注册商标的商品,具有下列情形之一的,依照《刑法》第214条的规定,以销售假冒注册商标的商品罪(未遂)定罪处罚:(1)假冒注册商标的商品尚未销售,货值金额在15万元以上的;(2)假冒注册商标的商品部分销售,已销售金额不满5万元,但与尚未销售的假冒注册商标的商品的货值金额合计在15万元以上的。销售假冒注册商标的商品罪(未遂)量性标准是,货值金额分别达到15万元以上不满25万元、25万元以上的,分别依照《刑法》第214条规定的各法定刑幅度定罪处罚。

3.非法制造、销售非法制造的注册商标标识罪

非法制造、销售非法制造的注册商标标识罪,是指违反商标管理法规,伪造、擅自制造他人的注册商标标识或者销售伪造、擅自制造的注册商标标识,情节严重的行为。该罪的构成要件包括:(1)犯罪主体为一般主体,即可以是任何单位和个人;(2)犯罪客体为他人合法的注册商标专用权和国家商标管理秩序;(3)犯罪的主观方面必须是故意;(4)犯罪的客观方面表现为伪造、擅自制造他人注册商标标识或者销售伪造、擅自制造的商标标识的行为。

非法制造、销售非法制造的注册商标标识罪的量刑标准:第一,情节严重的,判处3年以下有期徒刑、拘役或者管制,并处或者单处罚金。情节严重包括三种情形:(1)伪造、擅自制造或者销售伪造、擅自制造的注册商标标识数量在2万件以上,或者非法经营数额在5万元以上,或者违法所得数额在3万元以上的;(2)伪造、擅自制造或者销售伪造、擅自制造两种以上注册商标标识数量在1万件以上,或者非法经营数额在3万元以上,或者违法所得数额在2万元以上的;(3)其他情节严重的情形。第二,情节特别严重的,判处3年以上7年以下有期徒刑,并处罚金。情节特别严重也包括三种情形:(1)伪造、擅自制造或者销售伪造、擅自制造的注册商标标识数量在10万件以上,或者非法经营数额在25万元以上,或者违法所得数额在15万元以上的;(2)伪造、擅自制造或者销售伪造、擅自制造两种以上注册商标标识数量在5万件以上,或者非法经营数额在15万元以上,或者违法所得数额在10万元以上的;(3)其他情节特别严重的情形。

销售他人伪造、擅自制造的注册商标标识,具有下列情形之一的,依照《刑法》第215条的规定,以销售非法制造的注册商标标识罪(未遂)定罪处罚:第一,尚未销售他人伪造、擅自制造的注册商标标识数量在6万件以上的。第二,尚未销售他人伪造、擅自制造的两种以上注册商标标识数量在3万件以上的。第三,部分销售他人伪造、擅自制造的注册商标标识,已销售标识数量不满2万件,但与尚未销售标识数量合计在6万件以上的。第四,部分销售他人伪造、擅自制造的两种以上注册商标标识,已销售标识数量不满1万件,但与尚未销售标识数量合计在3万件以上的。

(二)商标刑事案件报案

企业发现他人有严重侵犯注册商标专用权行为,可以向公安机关报案,通

过刑事手段惩罚假冒注册商标、销售明知是假冒注册商标商品和非法制造、销售非法制造的注册商标标志的侵权人。刑事案件由犯罪地的公安机关管辖。犯罪地包括犯罪行为发生地和犯罪结果发生地。如果由犯罪嫌疑人居住地的公安机关管辖更为适宜的，可以由犯罪嫌疑人居住地的公安机关管辖。企业可以在法律允许范围内选择有利于打击商标侵权行为的地点报案。公安机关立案侦查后，认为符合犯罪构成要件的，将提请检察机关提请公诉。企业向公安机关报案后，在公安机关或者人民检察院不予追究被告人刑事责任的情况下，可以提起刑事自诉。

（三）商标刑事诉讼案例

2016年年初，马某从华强北手机店以每台100～180元的价格回收旧的OPPO、VIVO、华为品牌手机，并在其位于福田区华强北赛格科技园的一出租屋里将旧手机更换假的手机外壳、屏幕后进行翻新，翻新后其通过货运把手机销售到新疆地区。2016年4月29日，马某使用邹某1的名义雇佣三×物流公司牌号为粤B×××××的面包车运送一批其翻新的华为、VIVO品牌手机到新疆进行销售。当日22时许，深圳市公安局南山分局接报案后在南山区南头关口查获该车辆，并从车内缴获36箱疑似假冒手机，其中华为手机180部、VIVO手机100部、OPPO手机100部。经权利人鉴定均为假冒其公司品牌的手机，经深圳市价格认证中心出具的价格认定，上述华为和VIVO手机价值为人民币782620元。

因害怕警方抓捕，马某潜逃至新疆，直至2017年年初再次来到深圳从事翻新手机等活动。从2017年3月开始，马某再次从华强北收购旧手机以及印有品牌手机标志的手机配件等，并雇佣邹某1、王某1等人，在广东省深圳市福田区巴丁街155栋3单元602房进行旧手机翻新，涉及品牌有华为、OPPO、VIVO、小米等。2018年4月14日，马某在福田区南园新村3栋附近被深圳市公安局南山分局民警抓获，根据马某的供述，邹某1、王某1在福田区××村155号3单元602房被民警抓获，并现场缴获假冒OPPO、VIVO、小米手机共657部，经深圳市价格认证中心出具的价格认定，其中60部假冒OPPO手机和1部假冒VIVO手机价值人民币94638元。[①]

深圳市公安局南山分局对马某、邹某1、王某1的犯罪事实进行侦查后，

---

[①] 被假冒商标包括华为技术有限公司第4924859号、第4924862号、第4969112号、第13573253号商标；广东欧珀移动通信有限公司第10535258号商标核准注册；维沃移动通信有限公司第9773708号商标；北京小米科技有限公司第8911270号商标。

认定马某三人涉嫌犯有假冒注册商标罪,将案件移送深圳市南山区人民检察院。深圳市南山区人民检察院向深圳市南山区人民法院提起公诉,并提交了如下证据。

第一组:物证

疑似假冒小米手机 40 部、疑似假冒 OPPO 手机 379 部、OPPO 旧手机 3 部、OPPO 牌手机后盖 16 个、OPPO 手机中框 20 个、OPPO 手机屏幕 50 个、OPPO 牌手机标贴 50 张、疑似假冒 VIVO 手机 238 部、VIVO 旧手机 6 部、VIVO 手机后盖 15 个、华为手机 180 台、华为手机标贴 212 张、华为入网许可标 108 张、OPPO 手机 100 台、OPPO 手机标贴 52 张、OPPO 入网许可标 63 张、VIVO 手机 100 台、VIVO 手机标贴 42 张、VIVO 入网许可标 31 张。

第二组:书证

1.受案登记表、立案决定书、扣押决定书;

2.搜查证、搜查笔录、扣押决定书、扣押清单:证实公安机关于 2018 年 4 月 14 日在深圳市福田区××村 155 号 3 单元 602 马某厂房处扣押疑似假冒小米手机 40 部、疑似假冒 OPPO 手机 379 部、OPPO 旧手机 3 部、OPPO 牌手机后盖 16 个、OPPO 手机中框 20 个、OPPO 手机屏幕总成 50 个、OPPO 牌手机标贴 50 张、疑似假冒 VIVO 手机 238 部、VIVO 旧手机 6 部、VIVO 手机后盖 15 个、账本一本。于 2016 年 4 月 29 日在黄某货车中查获的华为手机 180 台、华为手机标贴 212 张、华为入网许可 108 张、OPPO 手机 100 台、OPPO 手机标贴 52 张、OPPO 入网许可标 63 张、VIVO 手机 100 台、VIVO 手机标贴 42 张、VIVO 入网许可标 31 张。

3.嫌疑人身份信息、人员指纹卡和抓获经过,证实深圳市公安局塘朗派出所民警于 2018 年 4 月 14 日在深圳市福田区南园新村 3 栋附近抓获马某,后根据马某的供述抓获邹某 1 和王某 1 的经过。

4.物证、照片说明书,证实公安机关查获的手机、翻新工具的照片一批。

5.营业执照副本(广州××知识产权咨询有限公司)、营业执照副本(欧珀公司)、营业执照副本(维沃移动通信有限公司)、授权委托书、商标注册证(欧珀公司)、商标注册证(维沃移动通信有限公司)、营业执照副本(小米科技有限责任公司)、商标注册证(北京小米科技有限责任公司),以及相关《未授权声明》《鉴定说明》。

小米公司出具的《未授权声明》,证实小米公司未授权深圳市福田区××村 155 号 3 单元 602 房生产和销售任何标有小米公司注册商标及其他小米公司注册商标的小米系列产品,以及没有授权允许其使用小米公司注册商标的行为。

　　欧珀公司出具的《未授权声明》，证实欧珀公司未授权深圳市福田区××村155号3单元602房生产、销售含有其公司"OPPO"注册商标的手机产品。

　　维沃公司出具的《未授权声明》，证实维沃公司未授权深圳市福田区××村155号3单元602房生产销售"VIVO"注册商标的产品。

　　华为公司出具的《鉴定报告》，证实华为公司对2016年4月29日在深圳市南山区南头关查扣的产品进行鉴定，鉴定结论是涉案产品非其公司生产，也非其公司授权他人生产，为假冒其公司注册商标的产品。

　　小米公司出具的《鉴定报告》，证实小米公司对深圳市公安局塘朗派出所查获标有小米公司注册商标的产品样品进行鉴定，结论为涉案物品全为假冒小米科技有限责任公司注册商标的产品。

　　维沃公司出具的《鉴定报告》，证实维沃公司对2018年4月14日在深圳市福田区××村155号3单元602房查获的带有"VIVO"注册商标的产品出具真假鉴定，结论为6部"VIVO"旧手机为正品，其余手机及零配件均为假冒。

　　欧珀公司出具的《鉴定报告》，证实欧珀公司对2018年4月14日在深圳市福田区××村155号3单元602房查获的带有"OPPO"注册商标的产品出具真假鉴定，结论为涉案产品非其公司生产，也非其公司授权厂商生产的全新整套产品，涉案产品均为假冒其公司"OPPO"注册商标专用权的产品。

　　6.《深圳市价格认证中心中止通知书》，深圳市价格认证中心向深圳市公安局塘朗派出所出具的通知书，证实涉案标的物部分手机均已停产，在深圳市场上暂查不到涉案财产相应的被侵权商品的市场中间价格：包括 VIVOY6238G、OPPO11074G、小米316G、OPPO11054G、OPPOR820516G、OPPOA3116G、OPPOA53M16G、小米416G、VIVOY31A8G、OPPOA59M32G、小米2S16G、VIVOY13L4G、OPPOR800716G、OPPOA37M16G。

　　7.鉴定说明，维沃公司、欧珀公司及小米公司分别出具《VIVO鉴定说明》《OPPP真假鉴定说明》《小米鉴定报告》，证实本案中的假冒VIVO、OPPO、小米商标手机属于使用二手机手机主板，假冒手机后盖、屏幕总成、中框等零配件组装成全新手机，并非原厂二手手机。

　　第三组：证人证言

　　1.证人黄某（系三×物流公司的司机）的证言，证明：2016年4月29日晚上19时公司叫其去福田区赛格科技园105邹某1（联系电话137××××1686）处收货，其22时许到达，邹某1将货物装上其车后，其开车离开，其开的是粤B×××××白色金杯面包车。其公司负责人说邹某1是其公司的散户,没有协议与合同,就是偶尔让其公司发一下货,当月10号左右给其公司负责人胡某个人账户转过一千多元的物流费。货单显示邹某13月份共找其公司发货15次,4月份发货17次。其最近在他那里接过两三次货,这次货单上写的是总共三十八箱手机,其中型号007,120台;型号X6S粉色40台、金色20台;型号008,110台;型号M8白色30台、金色30台、粉色30台。

2.证人何某的证言,证明:其举报有人制作假冒手机,他的工厂在华强北,每天要运输一部分假冒华为等牌子的手机从南山区经过,车牌号是粤B×××××。

3.证人韦某的证言,证明:2017年5月其经表哥介绍去到福田区××村155栋3单元602房上班,其工资3000元,其去到时马某、邹某1、王某1已经在那里加工OPPO、VIVO、小米手机了。一个多月后又来了一个叫"王某2"的人。马某是老板,负责收整机、销售和发工资,王某1负责组装和检查手机,王某2负责组装和检查手机,邹某1负责到华强北市场采购各种需要的零部件。马某收回来的有OPPO、VIVO牌的手机,检验完后,好的就卖掉,坏的就还给卖家,最后马某带其三人一起去快递点包装手机发货,这些手机几乎都是发到乌鲁木齐的。2017年5月开始销售OPPO、VIVO、小米手机几万台。生意好的时候三天发一次货,生意不好就半个月一次,每次最少700～800台手机,最多1500台,其估算共几万台。

4.证人王某2的证言,证明:其于2018年3月经哥哥介绍去到福田区××村155栋3单元602房给老板马某干活,马某说好第一个月给其工资3500元,做得好的话第二个月4000元,其刚做不到一个月,还没拿到工资。马某负责全面工作,韦某、王某1、邹某1主要负责检查手机,其主要负责魅族手机的拆机、测机、装机。马某买回VIVO、OPPO等各种品牌手机,都是翻新机,肯定不是从正规厂家进的真机,每天都是让韦某用一个很大的书包背回来,邹某1负责买回魅族旧手机,之后韦某、王某1和邹某1对手机进行充电后检测,好坏分开,好的直接通过快递卖出,坏的就丢掉,其刚来是负责魅族手机检测和翻新的。其他牌子的手机感觉挺新的,王某1、邹某1只需要对机子进行检测,不用翻新,只有魅族的手机需要新配件,魅族手机的新配件由马某和邹某1买。

第四组:鉴定意见

《价格鉴定》,证实经深圳市价格认证中心鉴定,涉案的180部假冒华为手机和100部假冒VIVO手机合计价值782620元;《价格鉴定》,证实经深圳市价格认证中心鉴定,涉案的假冒 OPPO 手机 60 部和假冒 VIVO 手机一部合计价值 94638 元。

第五组:勘验、检查、辨认、侦查实验等笔录

1.辨认笔录,证实:黄某辨认出马某是 2016 年 4 月 29 日 21 时许在华强北赛格科技园把手机交给其的人;王某 1 辨认出韦某、王某 2、邹某 1 是与其一起做假冒翻新手机的人,辨认出马某是其老板;邹某 1 辨认出韦某、王某 1、王某 2 是与其一起做假冒翻新手机的人,辨认出马某是其老板;马某辨认出韦某、王某 1、邹某 1、王某 2 是帮其翻新手机的工人;韦某辨认出邹某 1、王某 1、王某 2 是与其一起做假冒翻新手机的人,辨认出马某是其老板;王某 1 辨认出韦某、邹某 1、王某 2 是与其一起做假冒翻新手机的人,辨认出马某是其老板。

2.现场勘查笔录,证实:涉案手机查扣地点位于深圳市福田区××村 155 栋 3 单元 601 房。

第六组:马某、邹某 1 和王某 1 的供述和辩解

1.马某的供述,证实:其本人于 2016 年 4 月 29 日用邹某 1 的名字找三×物流公司托运了 38 箱手机,每箱有 10 部,其记得有 100 部 OPPO 牌的、100 部 VIVO 牌的、180 部华为的。后来三×物流公司的人告诉其,其托运的手机被派出所扣押了,派出所的人说手机是假的,让货主自己到派出所处理。其知道后不敢去派出所,不敢继续待在深圳,跑回了新疆。

因为被扣的手机都是旧机翻新后当成新机出售的手机。被扣押的这批手机是其到华强北的手机店以每台 100~180 元不等的价格回收的,均是旧的 OPPO、VIVO、华为手机,其将手机换了假的外壳,外壳上印有 OPPO、VIVO、华为的商标,部分手机需要换手机屏幕,翻新后其通过货运把手机销售到新疆地区,翻新后其每部手机能盈利 20 元左右。福田区××村 155 号 3 单元 602 房子是其叫邹某 1 找房东租的,从 2017 年 3 月租到现在,其、邹某 1、王某 1、王某 2、豪杰住在这个房子,其中一个房间是用来翻新的,他们四人是其请来的工人,其是老板。

邹某 1 于 2017 年 3 月开始帮其翻新手机,工资 3800 元;王某 2 于 2018 年 3 月开始帮其翻新手机,工资 3000 元;王某 1 于 2017 年 6 月开始,工资 3800 元;豪杰于 2017 年 7 月开始,工资 3000 元。在该地址查获的手机都是其每天凌晨 2 时许到华强北爱华市场路边收回来的旧手机。翻新手机的配件都是其在爱华市场路边摊买的假手机壳和手机配件。

其从 2017 年 3 月开始陆陆续续翻新手机,除去开支,至今其在手机翻新的生意上共赚了 30000 元。其没有 OPPO、VIVO、小米等公司的授权,其对

翻新手机销售的事情很后悔。牧×发货单(单号000201,日期2017年2月9日),这本发货单是其邮寄给客户的,上面有其给对方发货的记录,地址是乌鲁木齐市国际通讯市场三楼柜台,电话:马某181××××9666、159××××2100,谭×135××××6688。其卖过三四次货给他们夫妻,大约有100台翻新手机。

2016年4月起第一次翻新手机,翻新的手机品牌有华为、OPPO、VIVO,其从华强北收购旧手机并从华强北买回印有品牌手机标志的各种品牌手机壳,然后其自己一人在其租住的地方对旧手机进行翻新,翻新后准备当翻新机销售出去,后被警方查获并扣押了三百多台翻新机,其知道后不敢干了,就跑回新疆去了。

2017年过完年,其又回到深圳租了福田区××村155号3单元602房开始进行翻新手机,其雇了四名工人,分别是邹某1、王某1、王某2、韦某,工人每月工资3000元至4000元不等。其负责收购旧手机和购买各种手机配件,四名工人负责测试旧手机,根据测试情况,坏的配件就给换了,这样翻新了手机,手机翻新后,其负责将翻新机都销售到新疆地区去。每台翻新机赚15元至20元,从2017年3月至今除去开支其大约赚了30000元。

其一共卖给马某和谭×约100台翻新机,每台翻新机价格在120元到130元之间。其从路边摊收购旧手机后重新换零部件,再用印有VIVO、OPPO、华为的手机外壳组装起来。其几人是从2017年3月开始做组装手机生意的,邹某1和王某1都是2017年3月开始帮其做的,其不清楚具体卖出多少手机,销售额大概十来万。其的货有的卖到深圳,有的卖到新疆。

2.邹某1的供述,证实:2017年3月开始马某叫其帮他干活,在福田区××村155栋3单元602房。马某是老板,负责全面工作,大部分进货和销售都是他做的。工人有韦某、王某1、王某2和其,韦某和其跟着马某做了一年多,王某1做了一年左右,王某2做了一个多月。韦某、王某2主要负责检验手机,王某2主要负责检查手机,有时候拆壳装壳;其主要工作是负责魅族手机的换壳维修,还有魅族手机壳的采购,有时候其也负责拆机、测机、装机。这些手机有OPPO、VIVO、小米等牌子,马某给其每个月的工资淡季是3500元至4000元,旺季是4500元至5000元,其共拿了马某三四万元。

工作具体情况是:马某买回VIVO、OPPO等各种品牌手机,都是真的手机,但是都是做好的翻新机,每天都是让韦某用一个很大的书包背回来,其负责买回魅族旧手机,之后韦某、王某1和其对手机进行充电后检测,好坏分开，好的直接通过快递卖出，坏的就丢掉，其刚来是负责魅族手机检测和翻新的，有时候也去帮忙发货。手机的新配件由马某和其负责去手机市场买回来。

其从 2017 年 3 月开始跟着马某翻新手机，翻新的手机都发货到新疆乌鲁木齐。马某负责进货和销售，有时也测试旧手机；其负责测试旧手机，给旧手机换外壳、屏幕，偶尔帮忙发货；韦某、王某 1、王某 2 负责测试旧手机。其刚开始工资 3000 元，现在工资 4500 元左右，2017 年其从马某那拿到 40000 元左右，2018 年还没结算。

3.王某 1 的供述，证实：2017 年 10 月其应聘给马某打工，地点在福田区××村 155 栋 3 单元 602 房，其主要工作是检验 VIVO 手机，工资每月 3000 元，其来之前马某就在卖了，韦某、邹某 1、王某 2 跟马某做手机差不多都是一年左右。马某是老板，负责所有工作，负责大部分进货和销售；韦某、王某 1、邹某 1 和其都负责检验手机、拆装手机、打包发货之类的工作。

马某买回 VIVO、OPPO 等各种品牌手机，都是做好的翻新机，应该是假的，之后其四个工人对手机进行充电检测，将好的和坏的分开，好的通过快递卖出去。手机的新配件是马某负责从手机市场买回来的。马某做翻新机好的时候三天做五六千台，差的时候无法统计。老板马某和四个工人在福田区××村 155 号 3 单元 602 房进行翻新手机。

马某负责收购旧手机配件和翻新、销售。其负责测试检验旧手机，主要是 OPPO、VIVO 两个品牌的手机。其从 2017 年 9 月开始跟马某翻新手机，其每个月工资 3500 元，做得好有 4000 元，2017 年过年扣掉平时预支的其拿到差不多 10000 元，2018 年还没发工资。翻新的手机销售到新疆乌鲁木齐，基本每个月都有发货。

深圳市南山区人民法院经过审理，并对所有证据庭审示证和质证，认为：被告人马某未经注册商标所有人的许可在同一种商品上使用与其注册商标相同的商标，非法经营数额达 877258 元，情节特别严重，其行为已构成假冒注册商标罪。原审被告人邹某 1、王某 1 未经注册商标所有人许可在同一种商品上使用与其注册商标相同的商标，非法经营数额达 94638 元，情节严重，其行为已构成假冒注册商标罪。公诉机关指控的犯罪事实清楚，证据确实、充分，指控的罪名成立。被告人马某、邹某 1 和王某 1 基于共同的犯罪故意，实施了假冒注册商标罪，已构成共同犯罪。原审被告人马某在共同犯罪中起主要作用，是主犯，应当按照其所参与的或者组织、指挥的全部犯罪处罚。原审被告人邹某、王某 1 在共同犯罪中起次要作用，是从犯，根据其各自在共同犯罪中所起的作用,依法减轻处罚。

深圳市南山区人民法院综合考虑各原审被告人的犯罪情节、认罪态度等,依照《中华人民共和国刑法》第 25 条、第 26 条、第 27 条、第 45 条、第 64 条、第 213 条,《最高人民法院、最高人民检察院关于办理侵犯知识产权刑事案件具体应用法律若干问题的解释》第 1 条,《最高人民法院、最高人民检察院关于办理侵犯知识产权刑事案件具体应用法律若干问题的解释(二)》第 4 条之规定,判决:

(1)被告人马某犯假冒注册商标罪,判处有期徒刑 3 年,并判处罚金人民币 20 万元(刑期从判决执行之日起计算,判决执行以前先行羁押的,羁押一日折抵刑期一日,即自 2018 年 4 月 14 日起执行至 2021 年 4 月 13 日止。罚金自判决发生法律效力之日起 10 日内向本院缴纳,上缴国库)。

(2)被告人邹某 1 犯假冒注册商标罪,判处有期徒刑 10 个月,并判处罚金人民币 3 万元(刑期从判决执行之日起计算,判决执行以前先行羁押的,羁押一日折抵刑期一日,即自 2018 年 4 月 14 日起执行至 2019 年 2 月 13 日止。罚金自判决发生法律效力之日起 10 日内向本院缴纳,上缴国库)。

(3)被告人王某 1 犯假冒注册商标罪,判处有期徒刑 10 个月,并判处罚金人民币 3 万元。(刑期从判决执行之日起计算,判决执行以前先行羁押的,羁押一日折抵刑期一日,即自 2018 年 4 月 14 日起执行至 2019 年 2 月 13 日止。罚金自判决发生法律效力之日起十日内向本院缴纳,上缴国库)。

(4)缴获的假冒注册商标手机由扣押机关依法予以没收并销毁。

一审法院宣判后,被告人马某、被告人王某 1 均向深圳市中级人民法院提出:原审判决量刑过重,请求从轻处罚。

深圳市中级人民法院经审查查明上诉人马某、王某 1、原审被告人邹某 1 的犯罪事实与原审认定的犯罪事实一致。原审所采信的证据已当庭出示、宣读并质证,证据确实充分。深圳市中级人民法院认为,原判认定事实清楚,证据确实充分,定罪准确,程序合法,量刑适当,依法应予维持。依照《中华人民共和国刑事诉讼法》第 236 条第 1 款第(1)项、第 237 条第 1 款之规定,裁定驳回上诉,维持原判。[①]

在本案中,深圳市公安局南山分局是在接到报案后,才开始启动对马某、邹某 1 和王某 1 犯罪事实的侦查活动,然后检察院提起公诉,法院经过审理判决马某、邹某 1 和王某 1 构成假冒注册商标罪,将他们绳之以法。因此,报案

---

① 参见深圳市中级人民法院〔2018〕粤 03 刑终 3224 号刑事裁定书。

是刑事案件的启动键。通常情况下,报案人都是利害相关人。就假冒注册商标罪来说,被假冒注册的华为技术有限公司、广东欧珀移动通信有限公司、维沃移动通信有限公司和北京小米科技有限公司肯定是积极的报案人。这也是企业维护自己注册商标专用权的重要途径。

# 第五章 企业商标维护管理

企业商标日常维护管理主要包括商标变更、商标续展、商标印制和商标档案管理等方面。企业商标日常维护管理对于维护注册商标专用权具有重要意义，不容忽视。有些企业忽视了注册商标日常维护管理，甚至导致失去注册商标专用权。

## 第一节 企业商标变更管理

### 一、企业商标变更的含义

企业商标变更，是指注册商标的名义、地址或其他注册事项发生变化时，向国家知识产权局商标局申请将注册商标相关登记事项予以变更的法律活动。我国《商标法》第41条规定，注册商标需要变更注册人的名义、地址或者其他注册事项的，应当提出变更申请。《商标实施条例》第30条规定，变更商标注册人名义、地址或者其他注册事项的，应当向商标局提交变更申请书。变更商标注册人名义的，还应当提交有关登记机关出具的变更证明文件。商标局核准的，发给商标注册人相应证明，并予以公告；不予核准的，应当书面通知申请人并说明理由。变更商标注册人名义或者地址的，商标注册人应当将其全部注册商标一并变更；未一并变更的，由商标局通知其限期改正；期满未改正的，视为放弃变更申请，商标局应当书面通知申请人。

### 二、企业商标变更的类型

（一）变更商标注册人名义

企业资产重组、控股股东变动、核心业务改变等情况都有可能导致企业名称变更。企业名称变更申请经过市场监管部门（原工商行政管理部门）核准之后，商标注册证上的名义与企业实际名称就会出现不一致的情形。根据我国《商标法》和《商标实施条例》的规定，企业应当及时提出变更申请，将注册商标的名义与企业名称保持一致。企业变更商标注册人名义申请需要提交如下材料:第一,变更注册人名义申请书。第二,申请人的主体资格证明文件。第三,委托商标代理机构办理的,应当提交商标代理委托书。第四,市场监管部门登记机关出具的变更证明。只有经过商标局核准后,企业才算成功变更商标注册人名义。

(二)变更商标注册人地址

企业为寻找更好的投资机会,或者为了享受税收等优惠政策,需要变更企业注册地。企业注册地变更申请经过市场监管部门(原工商行政管理部门)核准之后,商标注册证上的地址与企业注册地址将出现不一致的情形。根据我国《商标法》和《商标实施条例》的规定,企业应当及时提出变更申请,将注册商标的地址与企业注册地保持一致。企业变更商标注册人地址需要提交如下材料:第一,变更商标注册人地址申请书。第二,申请人的主体资格证明文件。第三,委托商标代理机构办理的,应当提交商标代理委托书。第四,商标注册人跨国变更地址,需要提供变更证明文件。在国内变更地址,不需要提交变更证明文件。企业变更商标注册人地址需要经过国家知识产权局商标局的审核。

(三)变更其他商标注册事项

注册商标还存在其他注册事项变更的情况。例如,《集体商标、证明商标注册和管理办法》第13条规定,集体商标、证明商标的初步审定公告的内容,应当包括该商标的使用管理规则的全文或者摘要。集体商标、证明商标注册人对使用管理规则的任何修改,应报经商标局审查核准,并自公告之日起生效。也就是说,如果要变更集体商标、证明商标的使用管理规则,必须要向国家知识产权局商标局申请变更,经过核准才能够成功变更使用管理规则。集体商标或证明商标的申请人通常是经过当地政府批准的团体、协会或者其他组织,但有些经过批准特许的企业可以获准申请注册集体商标或证明商标。

## 三、企业商标变更不及时的风险

如果企业注册商标的名义、地址或其他事项发生变化,应当及时向商标局申请变更,否则将导致如下风险。

(一)注册商标权受限制

商标注册证是企业享有商标专用权的重要凭证。如果企业名称、地址或者其他事项发生变化未及时申请注册商标变更,则商标注册证登记内容与实际情况不一致,导致企业注册商标专用权受到限制。无论是商标局还是其他行政机构都无法确定该企业是否是注册商标的真正权利人。如果企业得知有竞争对手在市场上恶意出售仿冒产品时,想要通过市场监管投诉进行维权,但是商标注册证登记事项又与企业营业执照不一致,可能会影响到注册商标专用权的行政保护,只有补办完变更手续之后才能消除这种影响。这中间的时间差很可能对企业经营造成更大的损失。[1]

(二)注册商标权被撤销

我国《商标法》第49条规定,商标注册人在使用注册商标的过程中,自行改变注册商标、注册人名义、地址或者其他注册事项的,由地方工商行政管理部门(现市场监督管理部门)责令限期改正;期满不改正的,由商标局撤销其注册商标。注册商标成为其核定使用的商品的通用名称或者没有正当理由连续3年不使用的,任何单位或者个人可以向商标局申请撤销该注册商标。《商标法实施条例》第66条规定,商标局受理撤销商标申请后,应当通知商标注册人,限其自收到通知之日起2个月内提交该商标在撤销申请提出前使用的证据材料或者说明不使用的正当理由;期满未提供使用的证据材料或者证据材料无效并没有正当理由的,由商标局撤销其注册商标。实践中,很多企业为了获得税收或其他正常优惠,将企业注册地搬到有特殊待遇的地区,企业实体却不在那里。如果企业注册商标地址不及时变更,可能导致被他人提起"撤销三年不使用商标"或其他未知的商标风险。

2005年12月28日,A企业负责人带着商标注册证复印件找到北京集佳知识产权代理有限公司,欲将企业于1997年获得注册并已经使用8年多的商标,转让给另一家新办企业。在商标代理人将商标转让的全部材料递交给国家商标局后,却收到了转让申请不予核准通知书。不予核准理由是该商标"已被撤销"。实际情况是,该企业现在的注册地址与商标注册证上的地址不一致。该企业注册商标后,为获得招商引资方面的政策优惠,将企业注册地址搬到了北京某开发区,但是没有及时申请变更商标注册地址。后来,B企业以"三年未使用商标撤销"为由向国家商标局提出撤销北京A企业注册商标。商标局发函请商标注册人提供使用证据,但是A企业因没有收到商标局通知未予答复。商标局在《商标公告》上发出公告通知,仍无回复。于是,A企业注册商标于2004年被撤销。也就是说,注册商标已经被撤销两年了,A企业仍然不知道。[2]

---

[1] 樊赵国宇:《忽略商标变更,企业将面临哪些损失》,载《商业文化》2015年第22期。
[2] 刘福星:《商标注册人的地址变更不可忽视》,载《中华商标》2006年第8期。

(三)新申请商标被驳回

企业名称发生变更之后,如果没有及时向国家知识产权局商标局申请变更商标注册证登记事项,将导致商标登记证上的名称与企业实际名称不一致。如果企业再以该商标去其他类别申请商标,有可能会出现该企业新申请的商标因存在自家未变更名义的商标被驳回的情况,使自身权益受到损害。

## 第二节 企业商标续展管理

### 一、企业商标续展的含义

企业商标续展,是指企业注册商标有效期届满,需要继续使用的,应当在期满前12个月内或者期满后6个月内向国家知识产权局商标局申请续展,经核准后将注册商标有效期延续10年的法律行为。我国《商标法》第40条规定,注册商标有效期满,需要继续使用的,商标注册人应当在期满前12个月内按照规定办理续展手续;在此期间未能办理的,可以给予6个月的宽展期。每次续展注册的有效期为10年,自该商标上一届有效期满次日起计算。期满未办理续展手续的,注销其注册商标。商标局应当对续展注册的商标予以公告。

### 二、企业商标续展的程序

企业注册商标需要续展注册的,应当在法律规定期限内向国家知识产权局商标局申请续展,提交如下申请材料:第一,商标续展注册申请书。第二,申请人经盖章或者签字确认的主体资格证明文件复印件。第三,委托商标代理机构办理的,应当提交商标代理委托书。第四,注册商标证复印件。第五,申请文件为外文的,还应当提供经翻译机构或代理机构签章确认的中文译本。国家知识产权局商标局受理商标续展后,应当对提交的续展材料进行审核。商标续展申请核准后,商标局发给申请人续展证明。如果续展申请需要补正的,国家知识产权商标局给申请人发出补正通知,要求申请人限期补正。申请人未在规定期限内按要求补正的,国家知识产权局商标局有权对续展申请不予核准。续展申请被不予核准的,国家知识产权局发出不予核准通知书。

### 三、企业商标未续展的风险

企业注册商标期满未办理续展手续,则国家知识产权局商标局会注销其注册商标。《商标法》第 50 条规定,注册商标期满不再续展的,自注销之日起 1 年内,商标局对与该商标相同或者近似的商标注册申请,不予核准。从该条法律规定可以得出结论,企业注册商标有效期满未续展被注销后,是怠于行使法律赋予的权利,应该视为对商标权的事实处分行为,[①]其他人都可以在相同或者类似商品上注册与未续展被注销商标相同或近似的商标。一旦注册成功,根据商标注册保护原则,法律就会保护后注册人的权利。

如果企业注册商标有效期届满,未办理续展手续导致注册商标被注销,可以采取如下补救措施。第一,企业及时向国家知识产权局商标局提出商标注销行政复议申请。提交相关证据材料说明为什么没有续展商标。第二,企业注册商标被注销一年后,如果知道他人用与被注销商标相同或相似的商标向国家知识产权局商标局申请商标,应当及时提出异议。第三,企业应当在注销商标一年后,重新向国家知识产权局商标局提出商标注册申请。

### 四、企业商标未续展案例

1997 年 8 月 25 日,沈阳潜水泵业有限公司成立。该公司受让了参股国有企业沈阳潜水泵厂的第 183930 号"沈潜及图"商标,并作为企业的唯一商标一直在使用。第 183930 号"沈潜及图"商标于 1983 年 7 月 5 日获准注册,指定使用在第 7 类"汗水电泵"商品上,续展一次后有效期至 2003 年 7 月 4 日,后来因为改制过程中疏忽导致期满未续展被注销。2007 年 11 月 9 日,沈阳井用潜水泵厂在泵(机器)、离心泵等商品上申请了第 6367397 号"沈潜"商标。2009 年 11 月 27 日,国家商标局予以初步审定公告。随后,沈阳潜水泵业有限公司对第 6367397 号"沈潜"商标提出异议,商标局裁定异议不成立。

沈阳潜水泵业有限公司再向商标评审委员会提出异议复审。沈阳潜水泵业有限公司提出异议的理由是,该公司在先的"沈潜及图"商标因企业改制等原因没有续展,而被异议商标"沈潜"与其在先使用的商标汉字部分完全相同,系对其知名商标的恶意抢注。沈阳潜水泵业有限公司提交了第 183930 号"沈潜及图"商标注册资料,该公司领导班子不断调整的证明文件,公司"沈潜及

---

① 蒙律廷:《抢注他人未续展商标的是与非》,载《中华商标》2009 年第 3 期。

图"商标 2004—2007 年获得各种荣誉证明、广告宣传情况、销售发票、客户证明、获奖证明、出口报关单等。沈阳井用潜水泵厂的答辩理由则主要强调第 183930 号"沈潜及图"商标已被注销,被异议商标与之不存在权利冲突,该厂独立策划设计了被异议商标,主观上没有恶意。商标评审委员会认为,鉴于沈阳潜水泵业有限公司第 183930 号"沈潜及图"商标已因期满未续展被注销,其可作为未注册商标予以保护,且该公司提交的证据足以证明"沈潜及图"商标在被异议商标注册申请日前已具有一定知名度。被异议商标与沈阳潜水泵业有限公司"沈潜及图"商标完全相同,且使用商品属于类似商品。被异议人与异议人同属一个城市,作为同行业者,应该知晓"沈潜及图"商标,构成"以不正当手段抢先注册他人已经使用并有一定影响的商标"之情形。商标评审委员会最后裁定被异议商标不予核准注册。

2009 年 12 月 2 日,沈阳潜水泵业有限公司重新向商标局申请第 7881990 号"沈潜及图"商标,使用商品为泵(机器)、泵(机器、发动机或马达部件)、阀(机器零件)、空气压缩泵、离心泵、离心机、压缩机(机器)、液压泵、液压元件(不包括车辆液压系统)、真空泵(机器)等商品。国家商标局刚开始予以驳回,后沈阳潜水泵业有限公司提起驳回复审获得支持。2014 年 1 月 6 日,国家商标局予以初步审定公告。接着,沈阳井用潜水泵厂又提起商标异议。历经商标驳回、驳回复审和商标异议等程序,第 7881990 号"沈潜及图"商标最终于 2015 年 10 月 28 日获得核准注册。

## 第三节 企业商标印制管理

### 一、企业商标印制管理的概念

商标印制是指以印刷、印染、制版、刻字、织字、晒蚀、印铁、铸模、冲压、烫印、贴花等方式制作商标标识的行为。商标标识是指与商品配套一同进入流通领域的带有商标的有形载体。商标标志载体主要包括产品标签、彩袋、彩膜、纸箱、纸盒、宣传画及其他需要标注注册商标标识的物品。企业商标印制管理,是指依据法律和企业商标管理制度对商标标识印制、保管、发放和销毁等行为进行管理的活动。

国家工商行政管理总局(现市场监督管理总局)颁布了《商标印制管理办法》,对商标印制活动进行管理,对商标印制委托人和商标印制企业进行管理,打击非法印刷、销售他人注册商标标识行为。企业在对商标印制活动进行管理时,必须遵循《商标印制管理办法》。企业应当制定商标标识的印制管理办法,详细规定具体的商标印制流程、规范,以及相关的权利义务。

## 二、企业商标印制管理的内容

### (一)商标标识印制

企业商标标识印制有两种途径。一种是自己印制,另一种是委托他人印制。大多数企业都是委托商标印制单位印制商标标识。企业应当选择有资质条件、信誉好、相对固定的商标印制单位。企业与商标印制单位应当签订规范的商标印制合同,载明商标印制委托人和商标印制单位名称、商标名称、商标注册证号、承印数量以及印制样稿等,并且明确规定印版、印模的保管或销毁方式。企业委托商标印制单位[①]印制商标,应当出示营业执照副本或合法的营业证明,以及商标注册证[②]或者由注册人所在地县级工商行政管理局签章的商标注册证复印件,提供一份复印件作为商标印制单位存档。企业提供的商标图样应当符合下列要求:(1)所印制的商标样稿应当与商标注册证上的商标图样相同;(2)被许可人印制商标标识的,应有明确的授权书,或其所提供的《商标使用许可合同》含有许可人允许其印制商标标识的内容;(3)被许可人的商标标识样稿应当标明被许可人的企业名称和地址,其注册标记的使用符合《商标法实施条例》的有关规定。企业委托商标印制单位印制未注册商标的,提供的商标图样应当符合下列要求:(1)所印制的商标不得违反《商标法》第10条的规定;(2)所印制的商标不得标注"注册商标"字样或者使用注册标记。

如果企业作为商标许可人,许可他人使用注册商标,应当在商标使用许可合同中对商标标识印制进行明确规定。可以采取两种模式:一是许可人直接向被许可人提供商标标识。即被许可人需要任何商标标识,都必须向许可人申请,然后许可人按照物品和数量印制好,再提供给被许可人。另一种是许可人授权被许可人自己印制商标标识。即被许可人单独委托商标印制单位印制商标,应当出示营业执照副本或合法的营业证明、商标注册人所在地县级市场监管部门签章的商标注册证复印件、商标注册人授权书,并且提供相应的复印件。无论采用哪一种模式,被许可人的产品标签、彩袋、彩膜、纸箱、纸盒、宣传

---

① 商标印制单位是指依法登记从事商标印制业务的企业和个体工商户。
② 商标注册证包括商标主管部门所发的商标注册证和有关变更、续展、转让等证明文件。

画及其他需要标注注册商标标识的物品，都必须事先将图样提交给许可人审核，同时将印制后的样稿交许可人备案。

（二）商标标识保管与发放

如果企业委托商标印制单位印制商标标识，通常都是由采购部门具体负责。企业采购部门应当派专人负责商标标识采购事宜，负责审核商标印制单位资质、签订商标标识印制合同、监督商标标识印制合同履行。企业采购部门应当根据经营需求制订商标标识采购计划，监督商标标识印制质量，并按时接收检验合格的商标标识。企业采购部门应当建立完整的商标标识出入库制度。商标印制单位交付商标标识后，企业采购部门应当清点数量登记入库。企业制造部门或其他部门需要使用商标标识时，应当提交需求计划给企业采购部门。企业采购部门应当根据需求计划批准发放商标标识，并登记出库数量，确保商标标识没有浪费，并杜绝违规使用。

（三）废次商标标识销毁

企业采购部门应当根据商标需求计划向商标印制单位下达采购数量，避免生产多余商标标识。企业采购部门应当对商标印制单位印制过程中产生的废次商标标识和交付验收时不合格的废次商标标识的集中销毁进行监督，避免废次商标标识流入社会。企业对使用商标标识过程中产生的废次商标标识，应当指定专门人员负责收集，并将数量登记入册，然后集中销毁。企业任何部门不得私自处理废次商标标识。

## 第四节 企业商标档案管理

### 一、企业商标档案的概念界定

企业商标档案，是指企业在商标取得、运用、维护和保护过程中保存下来的文件资料和相关文件资料。这里的文件含义比较广泛。商标档案包括一切由文字、图表、声像等形式形成的文件资料。文件和档案存在密切关系。文件和档案的信息内容和形式是完全相同的，是同一事物在不同阶段的不同表现形态。从时间上看，档案是已办理完毕事项留下的文件；从价值上看，档案是已办理完毕事项留下的文件中具有保存价值的部门；从逻辑上看,档案是将处于分散状态的文件按照一定逻辑规律整理形成的信息单元。① 企业经营活动中形成的涉及商标的文件就是商标档案的基础。企业商标管理部门挑选经营过程中的商标文件,并按照一定的逻辑规律进行整理,就形成了商标档案。

## 二、企业商标档案管理的作用

企业商标常常关系到一个企业的生存和发展,作为企业商标信息载体的商标档案的作用不容忽视。充分认识企业商标档案的价值,完善商标档案资料并对其进行有效的管理,对于提高企业的竞争力至关重要。② 企业拥有完整的商标档案记录,可以在关键时候作为有效证据发挥重要作用。

(一)助力商标权取得

企业商标档案在商标权取得方面可以发挥重要作用。我国《商标法》第11条第1款规定,下列标志不得作为商标注册:(1)仅有本商品的通用名称、图形、型号的;(2)仅直接表示商品的质量、主要原料、功能、用途、重量、数量及其他特点的;(3)其他缺乏显著特征的。该条第2款又规定,前款所列标志经过使用取得显著特征,并便于识别的,可以作为商标注册。有些商标属于《商标法》第11条的情形,只有经过长期使用,具备了商标文字、图形或其他构成要素通常意义之外的第二含义,能够让消费者联想到商品制造者或服务提供者。例如两面针牙膏和小肥羊火锅。企业必须在使用过程中挑选商标使用证据,形成商标使用档案,然后在申请注册商标过程中向商标局提交,佐证商标已经具有第二含义。我国《商标法》第31条规定,两个或者两个以上的商标注册申请人,在同一种商品或者类似商品上,以相同或者近似的商标申请注册的,初步审定并公告申请在先的商标;同一天申请的,初步审定并公告使用在先的商标,驳回其他人的申请,不予公告。如果两个申请人同一天在同一种商品上申请商标时,必须看商标使用证据。如果提供不了商标使用证据,哪怕在先使用,也不能够取得商标专用权。企业在使用过程中应当挑选商标使用证据,形成商标使用档案,以便在申请时向商标局提交,作为在先使用的证据。

---

① 《档案》,https://baike.baidu.com/item/%E6%A1%A3%E6%A1%88/6299?fr=aladdin,最后访问日期:2019年8月12日。

② 张江珊:《企业商标档案的价值及其管理》,载《山西档案》2007年第1期。

图 5-1　两面针商标　　　　图 5-2　小肥羊商标

（二）强化商标权保护

企业商标档案在商标权保护方面可以发挥重要作用。我国《商标法》第 49 条第 2 款规定，没有正当理由连续 3 年不使用注册商标的，任何单位或者个人可以向商标局申请撤销该注册商标。如果企业被竞争对手或其他人提起"撤销连续三年不使用注册商标申请"，却不能向商标局提供申请前三年的商标使用证据，就意味着会失去注册商标专用权。根据我国《商标法》第 63 条的规定，侵犯商标专用权赔偿数额的确定方法有四种：第一种，按照权利人因被侵权所受到的实际损失确定。第二种，实际损失难以确定的，可以按照侵权人因侵权所获得的利益确定。第三种，权利人的损失或者侵权人获得的利益难以确定的，参照该商标许可使用费的倍数合理确定。第四种，前三种方式都难以确定，由人民法院根据侵权行为的情节判决给予 500 万元以下的赔偿。其中，第一种和第三种方法实际上都必须由商标注册人提供相应的证据。按照第一种计算方式，侵犯商标专用权赔偿数额 = 权利人因侵权所造成商品销售减少量/侵权商品销售量×该注册商标商品的单位利润。如果企业商标管理部门注重商标档案管理，能够提供未受商标侵权影响时的销售额、受商标侵权影响时的销售额和该注册商标商品的单位利润的相关证据，就能计算出侵犯商标专用权赔偿数额。按照第三种计算方式，则商标注册人必须提供商标许可使用费用的相关证据。这都依赖于企业商标管理部门重视商标档案管理。

（三）作为驰名商标认定证据

企业商标档案在驰名商标认定方面可以发挥关键性作用。《驰名商标认定和保护规定》第 9 条规定，以下材料可以作为证明符合《商标法》第 14 条第 1 款规定的证据材料：(1)证明相关公众对该商标知晓程度的材料。(2)证明该商标使用持续时间的材料，如该商标使用、注册的历史和范围的材料。该商标为未注册商标的，应当提供证明其使用持续时间不少于 5 年的材料。该商标为注册商标的，应当提供证明其注册时间不少于 3 年或者持续使用时间不少于 5 年的材料。(3)证明该商标的任何宣传工作的持续时间、程度和地理范围的材料，如近 3 年广告宣传和促销活动的方式、地域范围、宣传媒体的种类以及广告投放量等材料。(4)证明该商标曾在中国或者其他国家和地区作为驰名商标受保护的材料。(5)证明该商标驰名的其他证据材料,如使用该商标的主要商品在近3年的销售收入、市场占有率、净利润、纳税额、销售区域等材料。前款所称"3年""5年",是指被提出异议的商标注册申请日期、被提出无效宣告请求的商标注册申请日期之前的3年、5年,以及在查处商标违法案件中提出驰名商标保护请求日期之前的3年、5年。如果企业商标管理部门平时注意保留上述材料,并归入商标档案中,那么在关键时刻就可以作为认定驰名商标的证据。

(四)作为商标权价值评估材料

企业商标档案作为一种历史记录与凭证,能够真实地反映商标运用的真实情况,为企业商标价值评估提供参考作用。《商标资产评估指导意见》第18条规定,执行商标资产评估业务,应当对商标资产相关情况进行调查,包括必要的现场调查、市场调查,并收集相关资料等。调查过程中收集的相关资料通常包括以下几种。

(1)商标注册人和商标使用人的基本情况;(2)商标的权属及登记情况,包括注册、变更、许可、续展、质押、纠纷及诉讼等;(3)对商标的知晓程度;(4)相关商品或者服务的销售渠道和销售网络等;(5)商标使用的持续时间;(6)商标宣传工作的持续时间、程度、费用和地理范围;(7)与使用该商标的商品或者服务相关的著作权、专利、专有技术等其他无形资产权利的情况;(8)宏观经济发展和相关行业政策与商标商品或者服务市场发展状况;(9)商标商品或者服务的使用范围、市场需求、同类商品或者服务的竞争状况;(10)商标使用、收益的可能性和方式;包括实施企业财务状况、行业竞争地位、未来发展规划等;(11)近似商标近期的市场交易情况;(12)商标以往的评估及交易情况;(13)商标权利维护方面的情况,包括权利维护方式、效果、成本费用等。企业商标管理部门应当有意识地收集相关文件资料,归入企业商标档案,为商标价值评估提供参考资料。例如,青岛啤酒厂1992年实行股份制改造时,依据青岛啤酒商标档案所提供的资料,采用收益现值法和超额收益法对青岛啤酒的商标价格进行评估,其价值为2.1亿多元人民币。[1]

## 三、企业商标档案管理的内容

企业应当按照一件商标建一份档案的原则建立商标档案。如果该件商标

---

[1] 张江珊:《企业商标档案的价值及其管理》,载《山西档案》2007年第1期。

有联合商标或防御商标,联合商标和防御商标的相关文件应当与该件商标档案放在一起。联合商标和防御商标的目的,通常不是使用,而是保护主商标。只要主商标在使用,联合商标和防御商标也视为在使用。① 因此,联合商标和防御商标的文件资料很少。例如,杭州娃哈哈集团有限公司在第32类3202类似群无酒精饮料上注册了第541094号"娃哈哈"商标,同时注册了第544206号"娃娃哈"、第544205号"哈娃娃"、第544207号"哈哈娃"等联合商标。企业商标管理部门可以该"娃哈哈"商标建一份商标档案,并将"娃娃哈""哈娃娃""哈哈娃"等联合商标的相关文件与"娃哈哈"商标档案放在一起。企业商标档案管理的主要内容是将商标取得、运用、维护、保护和其他相关的文件资料归档保存。

(一)商标取得档案

企业商标取得档案是指企业取得商标过程中所形成的档案。企业商标取得档案包括商标注册档案、商标受让档案和商标移转档案。企业商标注册档案是指企业为获得商标专用权,在商标注册申请过程中的所有文件,包括商标设计文件、商标申请文件和商标行政管理部门送达的文件。商标设计文件包括商标命名方案、商标含义、商标设计草图、聘请外部机构设计商标的委托合同和往来邮件。② 商标申请文件包括企业在申请注册商标过程中提交的所有相关文件,包括商标申请、商标受理、商标驳回、商标异议、商标驳回复审、商标不予注册复审等文件。

商标行政管理部门送达的文件则是企业申请注册商标后,商标行政管理部门寄给商标申请人的所有文件和商标注册证。企业建立商标档案,必须将前述所有文件都归档,才能够更加有效地防范商标法律风险。企业商标受让档案和商标移转档案都是指企业从他人那取得商标权过程中所形成的文件资料。这方面资料不是很多,主要包括商标受让合同或商标移转的相关依据等。

(二)商标运用档案

企业商标运用档案是指企业在商标运用过程中所形成的档案,包括商标使用档案、商标许可档案和商标质押档案等。企业商标使用档案是指企业将商标作为识别商品来源的标志用于商品、商品包装或者容器以及商品交易文

---

① 王莲峰:《商标法学》,北京大学出版社2014年版,第23~27页。
② 马丽华:《企业商标档案管理系统必不可缺》,载《中国贸易报》2015年4月23日第006版。

书上，或者将商标用于广告宣传、展览以及其他商业活动中所形成的文件资料。纳入企业商标使用档案的文件应当清晰展示商标标识、商标主体、商品或服务、使用时间等关键要素。企业将商标使用在商品、商品包装或容器上的实物是最直接的商标使用证据，因此企业应当将这些实物拍照或录像，并归入商标使用档案。如果实物价值不是很高，应当保存一份作为佐证。企业在宣传自身形象和商品过程中，应当将有使用商标的广告文件、赞助文件、展会文件及时收集，特别是含有商标的广告合同、广告样本和发票等文件。企业还应当注意将商品进入超市、专卖店、电子商务平台和其他渠道销售的证明材料予以归档，包括货物订单、销售合同、发票、图片或录像资料等。企业商标使用档案必须具有连续性，包括商标首次使用和每一年使用的文件资料。许多商标法律活动对于商标使用证明有年限要求。例如，在撤销3年不使用注册商标中，商标注册人如果想避免注册商标被撤销，必须提供"撤三"申请前三年的商标使用证据。如果企业平时注重商标使用档案工作，即便被他人提起"撤三"，也能够提供有力证据避免注册商标被撤销。企业商标许可档案是企业将商标许可给他人使用过程中所形成的文件资料。在将商标许可给他人使用过程中，如果企业自己没有使用商标，则不仅要将商标许可合同、发票等保管好，还应当将被许可人使用商标的相关证据予以规定保存。企业还应当注重保存商标质押等其他商标运用形式的文件资料。

（三）商标维护档案

企业商标维护档案是指企业在日常维护商标过程中形成的档案。企业商标维护档案主要包括企业商标变更和商标续展等文件。企业商标变更文件是指企业在注册商标的名义、地址或其他注册事项发生变化时，向国家知识产权局商标局申请将注册商标相关登记事项予以变更的相关文件。企业商标续展文件是指注册商标有效期届满后，企业向国家知识产权局商标局申请续展的相关文件。

（四）商标保护档案

企业商标保护档案是指企业在保护商标权过程中形成的档案。企业商标保护档案主要包括商标行政保护档案和商标司法保护档案。企业商标行政保护档案是指企业寻求国家知识产权局、各级市场监管局和海关等行政机关保护商标过程中所形成的各类文件，包括行政调解书、行政处罚书、海关备案证明等。企业商标司法保护档案是指企业通过司法机关保护商标过程中所形成的各类文件，包括裁定书、判决书、调解书等。企业应当将维权过程中的和解书、仲裁文书纳入商标保护档案。企业还应当建立商标侵权档案,将侵犯商标专用权的侵权者背景资料、侵权产品照片或样品、侵权销售合同及销售发票、侵权案件处罚资料归入商标档案。

(五)其他商标档案

企业其他商标档案是指其他与商标管理相关的档案。在驰名商标认定过程中,国家知识产权局或法院需要企业提供使用该商标的主要商品在近 3 年的销售收入、市场占有率、净利润、纳税额、销售区域等材料。企业商标局应当未雨绸缪,将企业历年财务报告、审计报告、销售发票、销售额及利润、产值、产量以及利润等资料保存归档。尽管这些文件的原件都在企业财务部门或其他部门,但是企业商标管理部门可以保存复印件,并标注原件的保管部门。在驰名商标认定过程中,企业荣誉档案也可以作为重要的佐证材料。荣誉档案是指企业在经营过程中获得的各种荣誉证明材料,包括商品销量证明、行业排名证书、品牌证书、科技奖等。企业其他商标档案看似与商标没有直接关系,但实际上可以在商标取得、管理和保护过程中起到非常重要的作用。

# 第六章 企业商标处置管理

企业商标处置管理实际上是企业处置闲置商标、盘活无形资产的重要途径。企业商标处置方式主要包括商标转让和商标注销。企业将商标转让或注销后,意味着对被处置商标不需要再履行管理义务。

## 第一节 企业商标转让管理

### 一、商标权转让的概念

商标权转让是指商标权人将自己的注册商标专用权转让给他人,并经过国家知识产权局商标局审核同意的行为。商标权属于私权的范畴,商标自由转让不但是意思自治原则的体现,而且也是利益最大化的需求,最重要的是商标自由转让是权利人实现财产权利的体现。[①] 企业将不再使用的商标进行转让,是处置闲置商标、盘活无形资产的重要途径。

### 二、企业商标权转让的风险

企业作为转让人将注册商标进行转让,必须遵守商标转让的法律规定。我国《商标法》第 42 条规定,转让注册商标的,转让人和受让人应当签订转让协议,并共同向商标局提出申请。受让人应当保证使用该注册商标的商品质量。转让注册商标的,商标注册人对其在同一种商品上注册的近似的商标,或者在类似商品上注册的相同或者近似的商标,应当一并转让。对容易导致混淆或者有其他不良影响的转让,商标局不予核准,书面通知申请人并说明理由。转让注册商标经核准后,予以公告。受让人自公告之日起享有商标专用权。《商标法实施条例》第 31 条规定,转让注册商标的,转让人和受让人应当向商标局提交转让注册商标申请书。转让注册商标申请手续应当由转让人和受让人共同办理。商标局核准转让注册商标申请的,发给受让人相应证明,并

---

① 刘燕:《论注册商标转让的限制》,载《吉林大学社会科学学报》2013 年第 5 期。

予以公告。转让注册商标,商标注册人对其在同一种或者类似商品上注册的相同或者近似的商标一并转让,由商标局通知其限期改正;期满未改正的,视为放弃转让该注册商标的申请,商标局应当书面通知申请人。

企业转让商标权可能产生的风险包括如下几种:第一,国家知识产权局商标局对容易导致混淆或者有其他不良影响的转让不予核准。1996年2月,娃哈哈集团与达能公司签订《商标转让合同》,欲将娃哈哈商标转让给达能,但是商标局未核准转让。[①] 第二,如果企业在转让注册商标时,没有将同一种或者类似商品上注册的相同或者近似的商标一并转让,则会收到国家知识产权局商标局的限期改正通知,期末未改正的将被视为放弃转让该注册商标的申请。第三,如果企业未经过商标局核准,私下将注册商标转让给他人,则有可能存在较大风险。私下转让注册商标的后果是商标权未真正转让。商标权不属于商标权受让人,而商标转让人又认为商标权已经归属商标受让人,对商标不再进行过问。这有可能导致注册商标到期未续展,或被他人提起"撤三"或宣告无效申请未及时答辩,最终失去注册商标专用权,从而引发商标权转让纠纷。

## 第二节 企业商标注销管理

### 一、企业商标注销的概念

企业商标注销是国家知识产权局商标局依据法律规定注销企业注册商标的法律活动。企业商标注销可以分为以下两种情况:[②]第一,国家知识产权局商标局依职权注销企业注册商标。我国《商标法》第40条第1款规定,注册商标有效期满未办理续展手续的,注销其注册商标。第二,企业向国家知识产权局商标局申请注销商标。我国《商标法实施条例》第73条第1款规定,商标注册人申请注销其注册商标或者注销其商标在部分指定商品上的注册的,应当

---

① 刘莹莹:《达娃之争看商标转让》,载《中华商标》2008年第1期。
② 已经失效的2002年颁布的《商标法实施条例》第47条:"商标注册人死亡或者终止,自死亡或者终止之日起一年期满,该注册商标没有办理移转手续的,任何人可以向商标局申请注销该注册商标。提出注销申请的,应当提交有关该商标注册人死亡或者终止的证据。注册商标因商标注册人死亡或者终止而被注销的,该注册商标专用权自商标注册人死亡或者终止之日起终止。"现行有效的《商标法实施条例》已经删除这个条文。

向商标局提交商标注销申请书,并交回原商标注册证。企业主动申请注销商标的情况比较少,但是有些企业为了处置闲置且没有价值的注册商标,还是会主动申请注销商标;1997年12月28日,迪士尼企业公司申请注册了第1162090号"PERDY"商标。2001年11月27日迪士尼企业公司主动申请注销该商标。

## 二、企业申请注销商标的程序

企业申请注销其注册商标或者注销其商标在部分指定商品上的注册的,应当向国家知识产权局商标局提交如下材料:(1)注销申请书。(2)直接办理的,应附上企业营业执照副本复印件,以及经办人的身份证复印件。(3)委托代理组织办理的,应当附上商标代理委托书。(4)交回原商标注册证,不能交回的应说明原因。(5)如果企业与他人共有注册商标,则应当指派代表人办理申请手续,但需要附上其他注册人的书面授权。国家知识产权局商标局受理注销申请后,应当对注销申请进行审查。如果企业提交材料符合法律规定,国家知识产权局商标局予以核准注销申请,发给相应通知,并予以公告。如果企业提交材料不符合法律规定,国家知识产权局商标局不予核准注销。如果被申请注销商标有如下情形之一,国家知识产权局商标局终止审查,予以结案,书面通知有关注销商标申请人,并说明理由:(1)被申请注销商标已被撤销或注销而丧失商标专用权的;(2)被申请注销商标尚未注册的;(3)其他需要终止审查的情形。

# 参考文献

## 一、著作

1. 曹阳:《商标实务指南与司法审查》,法律出版社 2019 年版。
2. 罗丽珍:《商标纠纷诉讼策略与律师指引》,法律出版社 2019 年版。
3. 王莲峰:《商标资产运用及商标资产证券化》,法律出版社 2018 年版。
4. 张明立、任淑霞:《品牌管理》,清华大学出版社 2018 年第 3 版。
5. 傅宏宇、谭海波:《知识产权运营管理法律实务与重点问题诠释》,中国法制出版社 2017 年版。
6. 叶文庆:《商标代理实务》,厦门大学出版社 2017 年版。
7. 朱克电、毛炳、马先征:《知识产权管理实务》,知识产权出版社 2017 年版。
8. 于莽、王大越:《企业商标事务指南》,知识产权出版社 2017 年版。
9. 黄晖:《商标法》,法律出版社 2016 年第 2 版。
10. 杜颖:《商标法》,北京大学出版社 2016 年第 3 版。
11. 朱雪忠:《知识产权管理》,高等教育出版社 2016 年第 2 版。
12. 肖延高、范晓波、万小丽等:《知识产权管理:理论与实践》,科学出版社 2016 年版。
13. 王迁:《知识产权法教程》,中国人民法学出版社 2016 年版。
14. 谢旭辉、郑自群:《知识产权运营之触摸未来》,电子工业出版社 2016 年版。
15. [美]约翰·帕夫雷:《知识产权战略》,陈晓帆译,重庆大学出版社 2015 年版。
16. 李健:《知识产权代理教程》,知识产权出版社 2015 年版。
17. 刘春田:《知识产权法》,高等教育出版社 2015 年第 5 版。
18. 王太平:《商标法:原理与案例》,北京大学出版社 2015 年版。
19. 张锐、李石:《商标实务指南》,法律出版社 2015 年版。
20. 冯晓青:《企业知识产权战略》,知识产权出版社 2015 年版。
21. 曾德国:《企业知识产权管理》,北京大学出版社 2015 年版。
22. 游闽键、袁真富、马远超:《企业知识产权管理指南》,上海大学出版社 2015 年版。
23. [英]杰里米·菲利普斯:《商标法:实证性分析》,马强译,中国人民大学出版社 2014 年版。
24. [美]凯文·莱恩·凯勒:《战略品牌管理》,吴水龙、何云译,中国人民大学出版社 2014 年版,第 30~32 页。
25. 吴汉东:《知识产权法》,法律出版社 2014 年第 5 版。
26. 王莲峰:《商标法》,北京大学出版社 2014 年第 2 版。
27. 孔祥俊:《商标法适用的基本问题》,中国法制出版社 2014 年第 2 版。

28.杜颖译:《美国商标法》,知识产权出版社 2013 年版。

29.范长军译:《德国商标法》,知识产权出版社 2013 年版。

30.[日]森智香子、广濑文彦、森康晃:《日本商标法实务》,北京林达刘知识产权代理事务所译,知识产权出版社 2012 年版。

31.曾德国、乔永忠:《知识产权管理》,知识产权出版社 2012 年版。

32.冯晓青:《企业知识产权管理》,中国政法大学出版社 2012 年版。

33.陶鑫良:《知识产权基础》,知识产权出版社 2011 年第 2 版。

34.高富平:《中小企业知识产权管理指南》,法律出版社 2011 年版。

35.宋伟:《知识产权管理》,中国科学技术出版社 2010 年版。

36.马海群:《现代知识产权管理》,科学出版社 2009 年版。

37.李扬译:《日本商标法》,知识产权出版社 2011 年版。

38.美国专利商标局:《美国商标审查指南》,商务印书馆 2008 年版。

39.[澳]彼得·德霍斯:《知识财产法哲学》,周林译,商务印书馆 2008 年版。

40.洪艳蓉:《资产证券化法律问题研究》,北京大学出版社 2004 年版。

41.[美]德雷特勒:《知识产权许可》(上、下册),王春燕等译,清华大学出版社 2003 年版。

42.郑成思:《知识产权论》(修订本),法律出版社 2001 年版。


## 二、论文

1.张鹏:《〈商标法〉第 49 条第 2 款"注册商标三年不使用撤销制度"评注》,载《知识产权》2019 年第 2 期。

2.胡刚:《注册商标不使用撤销制度的最新司法实践及启示》,载《中国专利与商标》2019 年第 1 期。

3.刘洲东:《商标象征性使用在实务中的现实困境及改善建议》,载《中华商标》2019 年第 2 期。

4.李林启、尹凤莉:《试析科技型中小企业商标权质押融资问题》,载《天中学刊》2019 年第 1 期。

5.章彰:《资产证券化风险管理的视角与逻辑(下)》,载《银行家》2019 年第 1 期。

6.王莲峰、吕红岑:《商标资产证券化中基础资产的选择探究》,载《电子知识产权》2019 年第 1 期。

7.毕莹:《我国商标资产证券化相关法律问题浅析》,载《黑河学刊》2019 年第 2 期。

8.蒋强:《商标"恶意受让"概念的证伪》,载《中华商标》2019 年第 6 期。

9.魏丽丽:《规制商标恶意抢注的立法检视与完善》,载《河海大学学报(社会科学版)》2019 年第 3 期。

10.王路丰、李洁:《商标使用中商标标识不相同是否能认定为有效使用——评第 5532668 号"V 及图"商标撤销复审案》,载《中华商标》2019 年第 2 期。

11. 章彰:《资产证券化风险管理的视角与逻辑(上)》,载《银行家》2018年第12期。

12. 刘思海:《论资产证券化中的特定目的机构》,载《江苏大学学报(社会科学版)》2018年第5期。

13. 吴茂新、刘祥:《商品商标常见使用证据的种类及其有效性》,载《中华商标》2018年第1期。

14. 刘毅:《商标使用及其判断标准省思》,载《知识产权》2018年第4期。

15. 王煜佳:《对商标使用的界定标准之"商业活动"的理解》,载《中华商标》2018年第7期。

16. 邓莎:《注册商标连续三年不使用撤销程序及证据保留》,载《中华商标》2018年第3期。

17. 徐晓建:《对含有不规范汉字、不规范使用成语的商标申请行为说不》,载《中华商标》2018年第4期。

18. 文方:《非典型性商标使用研究——兼评"Damier"图形商标纠纷案》,载《中华商标》2018年第7期。

19. 冯建坤:《商标侵权诉讼中非规范商品使用的合法性分析》,载《中华商标》2018年第4期。

20. 王莲峰、叶赟葆:《我国商标资产证券化的必要性和可行性探究》,载《知识产权》2018年第8期。

21. 谢晓敏、李嘉丽:《图形标识的商标性使用与保护》,载《中华商标》2018年第6期。

22. 蒋莎莎:《金融科技勃兴背景下商标质押融资的困境与出路》,载《西部法学评论》2018年第6期。

23. 严明敏:《商标独占使用多重许可的分析路径——以毕加索商标使用许可合同纠纷案为例》,载《华中师范大学研究生学报》2018年第4期。

24. 徐晓颖:《商标使用许可备案对抗制的理解与适用——以商标多重许可为视角》,载《天津法学》2018年第1期。

25. 梁仕华:《论注册商标善意取得制度》,载《嘉应学院学报(哲学社会科学)》2018年第1期。

26. 付勇军:《商标变更、转让、续展业务最新解读》,载《中华商标》2018年第5期。

27. 宋亦淼:《〈商标法〉"不良影响"条款研究——基于"叫个鸭子"商标案的思考》,载《财经法学》2018年第4期。

28. 王莲峰、刘润涛:《无真诚使用意图商标注册的立法规制》,载《中华商标》2018年第9期。

29. 孙彦:《商标异议形式审查与问题分析》,载《中华商标》2018年第4期。

30. 闫韬:《商标权利边界探析——以商标合理使用制度为视角》,载《聊城大学学报(社会科学版)》2018年第3期。

31. 薛小飞:《中国资产证券化信用评级研究》,载《清华金融评论》2017年第2期。

32.马洪、马宁、洪婧:《捆绑使用同一公司的不同品牌亦损害商标价值——评杉杉品牌管理公司诉田某等侵犯商标权纠纷案》,载《中华商标》2017年第8期。

33.胡煜臻:《企业商标管理的困境及对策研究》,载《内蒙古科技与经济》2017年第13期。

34.杨卫华:《新时期优质品牌企业商标管理工作的新特点》,载《中华商标》2017年第12期。

35.邓兴华、梁正、林洲钰:《全球价值链视角下的品牌国际化与出口:基于海外商标的实证分析》,载《世界经济研究》2017年第9期。

36.贡小妹、黄帅:《商标与品牌的影响关系研究》,载《企业管理》2017年第7期。

37.徐霖:《商标注册人名义多次变更相关问题解析》,载《中华商标》2017年第3期。

38.曹军、葛留祥:《企业参加展销类活动的商标使用策略》,载《中华商标》2017年第11期。

39.黄璞琳:《如何理解商业活动中禁止使用"驰名商标"字样》,载《中华商标》2017年第3期。

40.蔡伟、欧群山:《商标被宣告无效前的使用行为应如何定性》,载《中华商标》2017年第10期。

41.杨静安:《商标使用风险评估实务与技巧》,载《中华商标》2017年第11期。

42.谭乃文、逯遥:《商标注册中汉字规范性使用的司法判断——评应某诉国家工商总局商标评审委员会商标申请驳回复审行政纠纷》,载《中华商标》2017年第9期。

43.林秋萍:《质疑商标使用的识别作用——对〈商标法〉第48条的思考及建议》,载《中华商标》2017年第8期。

44.王文俊:《权利待定商标质权设置问题研究》,载《中华商标》2017年第2期。

45.陈选:《商标许可人质量监督义务探析》,载《电子知识产权》2017年第10期。

46.戴环宇:《商标许可与商标出质的对冲问题研究》,载《法制博览》2017年第10(下)期。

47.董美根:《注册商标使用许可备案对抗效力研究》,载《电子知识产权》2017年第7期。

48.王娟:《近似商标转让制度模式的选择与重构》,载《知识产权》2017年第2期。

49.杜颖、宋亦淼:《近似商标分开转让合同的效力及法律后果》,载《中国专利与商标》2017年第1期。

50.徐宁:《商标转让需关注的四个问题》,载《中华商标》2017年第5期。

51.王迁:《回归常理——评"乔丹"商标争议再审案》,载《人民司法》2017年第5期。

52.杨霖:《受让商标时应注意"撤三"风险》,载《中华商标》2016年第8期。

53.赵克:《注册商标如何退化成商品的通用名称》,载《中华商标》2016年第7期。

54.陈仟子:《并购业务尽职调查问题》,载《中国金融》2016年第7期。

55.李方奎:《浅析商标注册中的风险控制》,载《法制博览》2016年第1(下)期。

56. 李希盛:《商标异议程序的当事人变更问题探析》,载《中华商标》2016年第6期。

57. 周波:《商标标志装潢性使用的法律后果》,载《中华商标》2016年第12期。

58. 蒋万来:《商标使用的恰当定位与概念厘清》,载《政法论坛》2016年第3期。

59. 曹佳音:《我国商标法中"商标使用"概念辨析——以贴牌加工为线索》,载《北方法学》2016年第2期。

60. 孔晓春:《商标权质押融资价值及主体实证分析》,载《北京印刷学院学报》2016年第5期。

61. 朱翔:《商标许可中的质量控制标准》,载《中华商标》2016年第8期。

62. 赵析蔓:《我国注册商标转让与使用许可制度研究——以知识产权与物权之比较为切入点》,载《信阳农林学院学报》2016年第3期。

63. 李立娟译:《如何有效管理商标转让》,载《法人》2016年第12期。

64. 向泽文:《商标授权解决方案可考虑"商标转让"》,载《中华商标》2016年第12期。

65. 赵立春:《商标顺利转让的关键点》,载《中华商标》2016年第12期。

66. 凌洪斌:《"微信"商标的注册争议评析及其解决路径》,载《西安电子科技大学学报(社会科学版)》2016年第1期。

67. 陈开欣:《域名与商标的合理使用问题研究——以微信域名案为视角》,载《黑龙江省政法管理干部学院学报》2016年第6期。

68. 董彦生:《商标注册申请文书格式要求及补正》,载《中华商标》2016年第2期。

69. 张康:《别拿"总统"不当总统——由"特朗普"商标申请注册所想到的》,载《中华商标》2016年第12期。

70. 周雷:《从乔丹商标案探寻商标权领域的善意原则》,载《法制日报》2016年5月11日第012版。

71. 马丽华:《企业商标档案管理系统必不可缺》,载《中国贸易报》2015年4月23日第006版。

72. 彭文雪:《"互联网+"时代的商标注册风险及应对策略》,载《中华商标》2015年第7期。

73. 黄朝玮:《商标先用权制度应删去"有一定影响"要件——评〈商标法〉第59条第3款》,载《中华商标》2015年第8期。

74. 鄂昱州:《论商标出资适格性要件》,载《学术交流》2015年第4期。

75. 樊赵国宇:《忽略商标变更,企业将面临哪些损失》,载《商业文化》2015年第22期。

76. 李文江、郭雨洁:《小微企业实施商标战略的困境与对策》,载《河南工业大学学报(社会科学版)》2015年第1期。

77. 刘铁光、吴玉宝:《"商标使用"的类型化及其构成标准的多元化》,载《知识产权》2015年第11期。

78. 俞风雷:《论新商标法中的商标使用问题》,载《天津大学学报(社会科学版)》2015年第3期。

79. 丁坚、范建永：《商标专用权质押融资困境及对策》，载《中华商标》2015 年第 2 期。

80. 鄂昱州：《论商标出资适格性要件》，载《学术交流》2015 年第 4 期。

81. 顾敏康、关韬睿：《商标使用许可增值利益分配与损失分担》，载《华南师范大学学报（社会科学版）》2015 年第 3 期。

82. 阳贤文、曹新明：《商标许可中利益分享理论探析——王老吉案之启示与回应》，载《中南大学学报（社会科学版）》2015 年第 6 期。

83. 张月梅：《注册商标才是创业的第一件事》，载《中华商标》2015 年第 12 期。

84. 庄晓苑：《从品牌培育机制的缺失解读我国驰名商标异化问题——以新〈商标法〉第 14 条的修改为讨论起点》，载《中华商标》2014 年第 2 期。

85. 聂君：《商标使用权出资法律问题探析》，载《安庆师范学院学报（社会科学版）》2014 年第 2 期。

86. 焦方太：《知识产权证券化中适格资产的选择问题》，载《战略决策研究》2014 年第 6 期。

87. 金禾：《〈商标法〉修改与企业商标管理》，载《中华商标》2014 年第 5 期。

88. 徐嘉慧：《从"稻香村"商标之争浅谈企业商标管理战略》，载《商业经济》2014 年第 6 期。

89. 何鹏：《商标法修改语境下的"商标使用"解读——以"百威英博"案和"重啤"案为视角》，载《中华商标》2014 年第 2 期。

90. 李春芳、李淇：《商标性使用的判定》，载《知识产权》2014 年第 8 期。

91. 赵秀辉：《商标权质权实现方式之选择——以商标使用许可为例》，载《知识产权》2014 年第 10 期。

92. 陈宏霞：《企业商标许可使用案例风险与对策分析》，载《现代商贸工业》2014 年第 7 期。

93. 凌宗亮：《商标使用许可备案的对抗效力——兼谈新〈商标法〉第四十三条第三款的理解与适用》，载《中华商标》2014 年第 6 期。

94. 凌宗亮：《商标使用许可合同到期后销售库存商品行为的定性》，载《中华商标》2014 年第 9 期。

95. 朱国栋：《商标许可应注意的法律问题》，载《中华商标》2014 年第 9 期。

96. 王浩、刘远山：《注册商标转让中的法律问题研究》，载《怀化学院学报》2014 年第 3 期。

97. 孙国臻：《近似注册商标分开转让合同纠纷裁判及其价值选择》，载《人民司法》2014 年第 21 期。

98. 黄汇、谢申文：《论被许可人增值商标的法益保护路径——以"王老吉"商标争议案为研究对象》，载《政治与法律》2013 年第 10 期。

99. 钱进：《商标权出资方式的案例思考》，载《中华商标》2013 年 12 期。

100. 刘燕：《论注册商标转让的限制》，载《吉林大学社会科学学报》2013 年第 5 期。

101.吴秀荣、张计划:《企业商标管理之品牌生财》,载《中华商标》2013年第3期。
102.夏强:《企业商标管理中的常见问题及对策》,载《中国安防》2013年第Z1期。
103.储敏:《新兴产业发展中的商标战略思考》,载《知识产权》2013年第7期。
104.刘洁:《论商标使用许可制度中激励机制之引入——兼评"王老吉"商标纠纷案》,载《知识产权》2013年第1期。
105.张玉敏:《诚实信用原则之于商标法》,载《知识产权》2012年第7期。
106.陈峰:《浅析商标权质押融资风险控制机制》,载《中国工商管理研究》2012年第10期。
107.郑辉、孙振东:《解析我国商标权质押融资的法律风险及防范》,载《电子知识产权》2012年第11期。
108.崔国斌:《商标许可终止后的商誉分配》,载《知识产权》2012年第12期。
109.陈晓峰:《商标许可,利益与风险之间的博弈》,载《中华商标》2011年第9期。
110.王政贵、李青:《商标权质押融资价值评估难问题的分析及其对策》,载《浙江金融》2011年第3期。
111.冯晓青:《企业知识产权管理基本问题研究》,载《湖南社会科学》2010年第4期。
112.魏纪林、胡神松、李明星:《关于我国企业商标战略措施的基本思考》,载《知识产权》2010年第5期。
113.韩笑:《再论驰名商标异化》,载《电子知识产权》2009年第8期。
114.蒙律廷:《抢注他人未续展商标的是与非》,载《中华商标》2009年第3期。
115.柴旭:《如何规避商标注册的风险》,载《中华商标》2009年第3期。
116.丁童:《资产证券化中的信用增级》,载《企业改革与管理》2009年第6期。
117.邹小芃、周梦宇、李鹏:《商标权证券化浅析——以Guess.Inc为例》,载《华东经济管理》2009年第8期。
118.刘莹莹:《达娃之争看商标转让》,载《中华商标》2008年第1期。
119.张诚:《商标"一号两证"咋回事》,载《中华商标》2008年第8期。
120.刘峰:《我国知识产权侵权救济实务的"双轨制"》,载《电子知识产权》2008年第3期。
121.杨建锋:《商标争议可仲裁性研究》,载《行政与法》2008年第3期。
122.邓宏光:《商标混淆理论之新发展:初始兴趣混淆》,载《知识产权》2007年第3期。
123.张江珊:《企业商标档案的价值及其管理》,载《山西档案》2007年第1期。
124.李仁莹:《商标使用许可中的品质控制》,载《中华商标》2007年第1期。
125.陈晓华:《浅析商标驳回相对理由的审查》,载《中国专利与商标》2006年第3期。
126.刘福星:《商标注册人的地址变更不可忽视》,载《中华商标》2006年第8期。
127.汪正:《未注册商标使用许可的法律效力》,载《中华商标》2006年第11期。
128.廖俊敏:《非法转让商标当止》,载《中华商标》2005年第11期。

9.腾讯网:《2018年商标异议典型案例》,https://new.qq.com/omn/20190426/20190426A03XA500。

10.腾讯网:《"三鹿"商标神秘买家静默四年 只为量身定做重返江湖》,https://new.qq.com/cmsn/20131211/20131211013047。

11.搜狐网:《优盘商标被撤销,如何避免商标过火沦为通用词汇?》,http://www.sohu.com/a/162827517_361113,最后访问日期:2019年4月30日。

12.搜狐网:《海关总署发布2018年中国海关知识产权保护现状及十大典型案例》,http://www.sohu.com/a/309959226_120045408。

13.新浪网:《2018年知识产权行政执法典型案例》,http://news.sina.com.cn/sf/news/fzrd/2019-04-26/doc-ihvhiewr8309622.shtml。

14.南京九罡九商贸有限公司官网:《张裕解百纳的历史》,http://www.jgjsm.com/NewsDetail.aspx?ID=15042610-315135~36068f9b。

15.可口可乐公司官网:125 years of sharing happiness,https://www.coca-colacompany.com/content/dam/journey/us/en/private/fileassets/pdf/2011/05/Coca-Cola_125_years_booklet.pdf。

16.十大品牌网:《2019〈财富〉世界500强企业名单发布 2019年全球500强排行榜完整版》,https://www.maigoo.com/news/524108.html。

17.贾国栋:《商标权出资的法律风险》,https://wenku.baidu.com/view/93312de95ef7ba0d4a733bac.html。

18.曹红英:《加强知识产权行政保护与司法保护优势互补》,http://jsfzb.xhby.net/mp2/pc/c/201905/17/c633203.html。

19.宫江涛:《商标权转让程序中的法律风险提示及规避》,https://www.sohu.com/a/193464473_99980865。

20.游云庭:《苹果公司iWatch商标申请注册情况解析》,http://tech.sina.com.cn/zl/post/detail/it/2013-08-02/pid_8432033.htm。

129. 胡刚:《注册商标使用许可合同备案若干问题》,载《中国专利与商标》2005 年第 3 期。
130. 黄炜、孙晓芳:《商标使用许可中的备案制度》,载《中华商标》2005 年第 5 期。
131. 杨建锋:《华伦天奴"们"如何自相残杀——商标使用许可应遵循适度原则》,载《中华商标》2004 年第 1 期。
132. 闫卫国:《与商标使用许可合同有关的问题》,载《中华商标》2003 年第 8 期。
133. 王红:《我国商标权的行政执法保护》,载《商业文化》2003 年第 6 期。
134. 汪泽:《共有商标权的分割与份额的转让》,载《中国工商管理研究》2002 年第 11 期。
135. 郑作时:《美加净:合资 7 年之痛》,载《南风窗》2001 年第 6 期。
136. 韩志峰:《宝洁与海尔品牌策略分析》,载《品牌》2001 年第 10 期。
137. 潘力仁:《商标使用许可的特点、利弊及在我国的适用》,载《中国工商管理研究》1998 年第 7 期。
138. 郑大德、唐群:《"中华""美加净"牙膏品牌许可合资企业使用利弊之我见》,载《牙膏工业》1995 年第 3 期。

### 三、网络资料

1. 人民网:《湘鄂情系列商标贬值至一亿元》,http://politics.people.com.cn/n/2015/0207/c70731-26523465.html。
2. 人民网:《日化二厂与宝洁中止 50 年租借合约——熊猫洗衣粉回家了》,http://www.people.com.cn/GB/channel3/23/20000906/220791.html。
3. 中国商标网:《商标注册程序性争议行政复议申请所需材料》,http://spw.sbj.cnipa.gov.cn/bsfw/fyzn/201903/t20190326_292331.html。
4. 中国商标网:《深圳市选秀网络科技有限公司不服商标局变更申请不予受理决定提起行政复议案》,http://spw.sbj.cnipa.gov.cn/alpx/201803/t20180313_272986.html。
5. 中国商标网:《关于第 28930220 号"金鑫 JX 及图"商标驳回复审决定书》,http://wssq.saic.gov.cn:9080/tmsve/pingshen_detail.xhtml? appId=e48b88386d135d2f016d1f54686b5231。
6. 深圳证券交易所官网:《关于"优盘"商标被裁定撤销注册公告》,http://www.szse.cn/disclosure/listed/bulletinDetail/index.html? 1ffa76bf-97a0-4f65-95ad-25ca86e6b988。
7. 深圳证券交易所官网:《关于"优盘"商标诉讼进展的公告》,http://www.szse.cn/disclosure/listed/bulletinDetail/index.html? a08fdbf1-599d-40d5-bd98-401c98b7f9c8。
8. 深圳证券交易所官网:《关于收到〈关于第 1509704 号"优盘"商标无效宣告请求裁定书〉的公告》,http://www.szse.cn/disclosure/listed/bulletinDetail/index.html? 71152ed7-5e54-4bda-83e7-6deea743faaa。